ro
ro
ro

Jens Mollenhauer arbeitete fast vierzig Jahre als Polizist. Nach Stationen bei der Bereitschaftspolizei und als Undercover-Polizist leitete er bis zu seiner Pensionierung im Frühjahr 2023 die deutschlandweit einzigartige Jugendschutzeinheit der Hamburger Polizei. Er engagiert sich nach wie vor ehrenamtlich an Schulen und Kindergärten und bietet Workshops für Gewaltprävention und gegen Mobbing an. Er lebt mit seiner Frau und seinen acht Kindern in der Nähe von Hamburg.

Nicola Fischer ist Journalistin und TV-Produzentin. Sie arbeitet u. a. für TV-Formate der ProSiebenSat.1 Media, RTL, NDR und ZDF. Ihren Themenschwerpunkt hat sie auf sozial- und gesellschaftspolitische Themen im Boulevard gelegt. Die gebürtige Hamburgerin lebt mit ihrem Ehemann und ihrem Sohn in Schleswig-Holstein.

Axel Fischer ist TV-Journalist und Kameramann. Er wirkte bei zahlreichen Investigativ-Reportagen u. a. für SPIEGEL TV, das ZDF und ARTE mit. Er lebt mit seiner Frau und seinem Sohn in Schleswig-Holstein.

Jens Mollenhauer

mit Nicola Fischer
und Axel Fischer

HERZGEWALT

Warum wir kriminelle Jugendliche
nicht alleinlassen dürfen

Rowohlt Taschenbuch Verlag

Hinweis: Die Namen der Protagonist:innen sind geändert, persönliche Details und Orte zum Schutze der Personen verfremdet.

Originalausgabe
Veröffentlicht im Rowohlt Taschenbuch Verlag,
Hamburg, November 2023

Redaktion Regina Carstensen
Bilder im Tafelteil © Jens Mollenhauer
Covergestaltung zero-media.net, München
Coverabbildung Eva Häberle
Satz aus der Untitled Serif
bei Dörlemann Satz, Lemförde
Druck und Bindung GGP Media GmbH, Pößneck
ISBN 978-3-499-01320-1

Die Rowohlt Verlage haben sich zu einer nachhaltigen Buchproduktion verpflichtet. Gemeinsam mit unseren Partnern und Lieferanten setzen wir uns für eine klimaneutrale Buchproduktion ein, die den Erwerb von Klimazertifikaten zur Kompensation des CO_2-Ausstoßes einschließt.
www.klimaneutralerverlag.de

MIX
Papier | Fördert gute Waldnutzung
FSC® C014496
FSC www.fsc.org

Inhalt

Prolog

Plötzlich bekam ich einen heftigen Tritt in den Rücken. Ich schaffte es gerade noch, mich umzudrehen. Prompt kassierte ich einen weiteren Fußtritt, diesmal mitten ins Gesicht. Ich taumelte. Es folgten Faustschläge und Hiebe, ohne Pause. Es waren mehrere Angreifer, einer der Typen tänzelte um mich herum wie ein Profi-Kampfsportler. Trotz einiger Erfahrung mit gewalttätigen Konflikten hatte ich ihm und seinen Kumpels wenig entgegenzusetzen und nahm nur etwas die Arme zur Verteidigung hoch. Noch ein Schlag. Ein schrilles Pfeifen im linken Ohr. Dann ging ich zu Boden – und da lag ich dann auf dem rauen Pflaster des Hamburger Doms, des größten Volksfests der Stadt.

Die Typen ließen nicht von mir ab. Noch mehr Tritte und Schläge folgten, und ich dachte: Die bringen mich um. Scheiße, das war's. Das ist mein Ende! Aber da war noch ein Gedanke, fast noch schlimmer als der vorherige: Ich bin ein Loser, denn ich habe mich nicht mal gewehrt. Schließlich ein Filmriss. Absolute Schwärze, vor meinem inneren Auge zog nichts vorbei.

Das Nächste, woran ich mich erinnerte, waren die Polizei-Kollegen von der hundert Meter entfernt gelegenen Dom-Wache, die mir zur Hilfe eilten. Ich wurde ins nahe Krankenhaus gebracht, die Diagnose: geprellte Rippen, Gehirnerschütterung und ein Nasenbeinbruch. Körperlich und seelisch war ich ordentlich demoliert.

Das war 1983. Meine wilde, unstete Zeit lag hinter mir. Inzwischen war ich Polizeianwärter, und das war alles andere als eine Selbstverständlichkeit. Als Heranwachsender galt ich nicht gerade als unkompliziert, war wohl eher das, was man heute einen problematischen Jugendlichen nennen würde. Ich beging Diebstähle, Körperverletzung, knackte Automaten und hatte drei Freundinnen gleichzeitig. Ich war alles andere als ein feiner Mensch.

Irgendwann musste ich mich entscheiden, auf welcher Seite ich im Leben stehen wollte. Denn mir wurde klar, dass es so nicht weitergehen konnte. Ich wollte auf die gute, die rechtschaffene und ehrliche Seite. Da gehörte ich hin und fand schließlich bei der Polizei meinen Platz. Aber nicht nur meinen beruflichen Platz, sondern auch eine Zugehörigkeit und vielleicht sogar die Ersatzfamilie, nach der ich jahrelang ziellos gesucht hatte.

An besagtem Nachmittag hatten wir uns mit einigen Polizeianwärter-Kollegen vorgenommen, privat auf den Dom zu gehen, wir wollten etwas unternehmen, uns amüsieren. Mit stolzgeschwellter Brust spazierten wir über den Jahrmarkt. Dabei hatte ich gerade mal eine Woche Rechtskunde und die Einkleidung an der Polizeischule hinter mir. Wie junge Erwachsene es gern tun, schauten wir den Mädels nach. Leider hatte ich die Rechnung ohne die «Streetboys» gemacht, eine Gang mit Verbindung zum Kiez und berüchtigt dafür, brutale Schlägereien anzuzetteln. In diesem Fall auch mit mir. Ich zwinkerte auf dem Volksfest dummerweise der falschen Frau zu, denn sie war mit einem der Männer aus der Gang verbandelt.

Ein falscher Blick – und die prügeln mich fast tot? Dieses Ereignis brannte sich bei mir ein wie ein Trauma. Es dauerte nur wenige Sekunden, die sich jedoch anfühlten wie Stunden. Die Tritte und Schläge trafen mich blitzschnell. Keiner in meiner Nähe half mir. Kein Passant, kein Schausteller, niemand, der etwas sagte oder zumindest den Notruf wählte. Meine damaligen Polizeianwärter-Kollegen flüchteten, aus Angst, selbst angegriffen zu werden. Im Grunde unverständlich, wenn man bedenkt, dass Polizisten helfen und eben nicht weglaufen sollen. Besonders einschneidend war für mich, dass ich mich für unverletzbar gehalten hatte, ich davon ausgegangen war, eine tolle Nummer zu sein. Aber ich war nur ein kleines Licht, das Opfer von Gewalt wurde und leidvoll erfahren musste, was fehlende Zivilcourage bedeutete.

Daraus entstand der Wunsch, etwas gegen solche Gewalt zu tun. Ich fragte mich: Warum hörten die Gang-Mitglieder nicht auf, als ich schon auf der Erde lag? Wie konnten Menschen so schnell, geradezu von null auf hundert, derart aggressiv agieren? Und woher rührte diese enthemmte, skrupellose Gewalt? Ich machte mich auf die Suche nach Antworten. Dabei half mir auch die Rückschau auf mein eigenes Leben. Warum driftete ich bereits als Grundschüler ab, rauchte heimlich im Gebüsch und wurde rebellisch? Wie war es dazu gekommen, dass ich als Jugendlicher auf die schiefe Bahn geriet und selbst Mitglied einer Gang wurde?

Als Teenager erfuhr ich von der Lebenslüge meiner Mutter. Mein Vater, der starb, als ich vier Jahre alt war, war gar nicht mein leiblicher Vater. Trotzdem ließ mich meine Mutter jahrelang weiterhin zu seinem Grab pilgern und Blumen niederlegen. Doch in Wirklichkeit war ich das Ergebnis einer Affäre in Italien mit einem erfolgreichen Komponisten, der dort eine Familie hatte. Mein älterer Bruder, offenbarte sie mir, war auch nicht mein leiblicher Bruder, sondern er wurde von meiner Mutter adoptiert. Sie hatte gedacht, sie könne keine eigenen Kinder bekommen. Die Affäre in Italien hatte das Gegenteil bewiesen.

Mit diesen neuen Erkenntnissen zerbrach für mich als Heranwachsender meine Welt. Von einem Tag auf den anderen hatte ich meinen familiären Halt verloren, mir fehlten Vorbilder, an denen ich mich orientieren konnte. Ziellos begann meine Suche nach Zugehörigkeit, vielleicht sogar Identität. Durch die Lügen war nur noch unbändige Wut in mir, auf alles und jeden. Als junger Erwachsener, mit neunzehn Jahren, suchte ich die Weite. Ich lebte in den USA bei einem indigenen Stamm. Die große Wut in mir nannten die Indigenen «Feuer im Bauch».

Diese Wut ist nun vierzig Jahre her. Aber die Erinnerungen und Empfindungen von damals sind geblieben. Und genau diese Wut sehe ich heute oft bei auffälligen Kids und problematischen Jugendlichen.

Trotz der Gewaltaktion auf dem Hamburger Dom oder gerade deswegen blieb ich weiter auf der Spur. Für Gewaltfreiheit und Jugendschutz, dafür schlug mein Herz, so sehr, dass ich mich 2009 bei einer besonderen Einheit der Hamburger Polizei bewarb, bei der Abteilung Jugendschutz. Seit über zwölf Jahren kümmere ich mich nun um kriminelle Jugendliche und Kids. Als Polizist und als Mensch. Ich höre ihnen zu, spreche mit ihren Eltern oder mit Großeltern, zu denen sie abgeschoben wurden, und weiß oft, was die Kids in ihrem Alltag bewegt. Für viele von ihnen ist Gewalt die einzige Lösung, der einzige Ausweg. Es ist ihre Form der Kommunikation. Ein Auf-sich-aufmerksam-Machen, ein Ventil für ihre stille Wut und das Feuer, das auch ich als Teenager im Bauch hatte.

Mit diesem Buch möchte ich zeigen, dass wir kein Kind und keinen Jugendlichen verloren geben und um jeden und jede kämpfen sollten. Ich möchte Eltern dazu ermutigen, die Entwicklung ihrer Kinder genau zu beobachten und aufmerksam ihr Leben zu verfolgen. Ihnen ein Vorbild zu sein und sie nie aus den Augen zu verlieren, ganz egal, in was für einer Lebensphase sie sich gerade befinden.

In diesem Buch spreche ich über Erlebnisse aus meinem Berufsalltag und zeige Fälle, bei denen Erziehung gescheitert ist und es an Liebe und Zuneigung fehlte. Ich möchte mit diesem Buch keine Ängste schüren, sondern aufklären. Auch rebellische Kids sollten die Chance und das Recht haben, Gehör und Zuwendung zu erfahren. Dafür sind wir als Gesellschaft verantwortlich, und dazu fühle ich mich als Jugendschutz-Polizist verpflichtet.

1

Die gute Gang

Als ich auf dem Hamburger Dom zusammengeschlagen wurde, war ich erst wenige Tage Polizeischüler. Damals erfuhr ich, was fehlende Zivilcourage bedeutet. Ich hatte die Hilflosigkeit gespürt, als meine Kollegen die Flucht ergriffen, um ihre eigene Haut zu retten. Obwohl ich in meiner Freizeit geboxt hatte, hatte ich keine Chance gegen die «Streetboys». Bestimmt war ich kein begnadeter Boxer gewesen, aber gut genug, um mich verteidigen zu können – dachte ich. Mein Selbstwert war ganz unten. Meine verwundete Seele brauchte einen Kitt. Ich sehnte mich nach etwas, das mir mein Selbstvertrauen zurückgab. Und so landete ich unmittelbar nach meiner Ausbildung bei der Bereitschaftspolizei. Eine Einheit, die perfekt zu mir passte. Denn neben dem Boxsport lief ich Marathon. Ich war Sportler durch und durch. Damit war ich bei der Bereitschaftspolizei in guter Gesellschaft. Sie war die Truppe fürs Grobe. Für Demos, Hausdurchsuchungen und Festnahmen. Davon gab es 1986 reichlich.

Die Stimmung in der Stadt war spannungsgeladen. Das Kernkraftwerk Brokdorf vor den Toren Hamburgs wurde in Betrieb genommen, trotz massiven Widerstands aus der Bevölkerung. Es war die Zeit, als mehrere Wohngebäude der Hafenstraße von linksautonomen Demonstranten besetzt wurden, ein Konflikt, der immer wieder in heftigen Straßenschlachten gipfelte. Alles Einsatzgebiete für die Bereitschaftspolizei. Unsere Truppe hieß Festnahmezug und bestand nur aus jungen Typen, muskelbepackt, mit Bock auf Action. Alle waren hoch motiviert.

Wir waren eine Einheit, bei der sich der eine auf den anderen verlassen konnte. Mussten wir auch. Denn wenn eine Demo in der Hafenstraße angekündigt war, hatte das mit friedlichen Kundgebungen nichts zu tun. Stattdessen trafen wir auf vermummte Autonome, brennende Barrikaden, fliegende Pflastersteine. Und wir an vorderster Front. Das war Straßenkampf. Bei einem Einsatz wurde ein Kollege von einem Molotowcocktail getroffen und brannte wie eine Fackel. Wir konnten ihn zum Glück schnell löschen. Bei einem anderen Einsatz wurden von fünfundzwanzig Kollegen einundzwanzig verletzt. Die Polizeitaktik bei Demos mit Gewaltpotenzial war damals noch nicht sonderlich ausgereift. Reinlaufen, Draufknüppeln, Rückzug.

Wir hießen zwar Festnahmezug, unser Spitzname war allerdings «Schädelzug», da wir selten jemanden festnahmen, aber immer mit dem Kopf vorangingen. Man musste kein Stratege sein, um zu erkennen, dass am Ende mehr Verletzte als Erfolge zu registrieren waren. Deshalb wurde später die BFE gegründet, die

Beweissicherungs- und Festnahmeeinheit, eine Spezialeinheit, die bis heute Teil der Hamburger Polizei ist. Sie ist für derartige Manöver geschult, denn unser Schädelzug wirkte bei den Demos eher eskalierend als befriedend.

Als ich in die BFE kam, wurde ich undercover bei Demos eingesetzt, zur Observation von Personen. Mit meinen langen schwarzen Haaren – eine Matte wie Thomas Anders von Modern Talking – sah ich einem Autonomen viel ähnlicher als den meisten meiner Kollegen. Die Straftäter bei Demonstrationen konnten so problemlos festgenommen werden, das Demonstrationsrecht wurde auf diese Weise geschützt und Eskalationen wurden vermieden. Aus meiner Sicht ein sehr gutes Konzept.

Nur wenige Hundert Meter von der Hafenstraße entfernt, auf der Hamburger Reeperbahn, tat sich Ende der Achtzigerjahre / Anfang der Neunzigerjahre ebenfalls etwas. Das Machtmonopol unter den Zuhältern hatte sich verschoben, Albaner gewannen zunehmend an Einfluss und verdrängten die Alteingesessenen. Das Gefüge geriet durcheinander, und die Situation wurde insgesamt unübersichtlich. Die Polizei wusste nicht mehr genau, wer im Prostitutionsgeschäft das Sagen hatte. Parallel liefen Anfang der Neunzigerjahre zahlreiche Verfahren wegen Scheckbetrugs. Das LKA wollte herausfinden, wer dahintersteckte. Und da sie wussten, dass ich undercover agieren konnte, sollte ich als nicht offen ermittelnder Beamter eingesetzt werden, als NoeB. Ich sollte unter falscher Identität den Ort aufsuchen, von dem aus die Albaner operierten: eine kleine Kneipe am Hamburger Berg. Heute eine Partystraße mit zahlreichen Lokalen, damals allenfalls eine heruntergekommene Gasse, in der zwielichtige Kaschemmen sich aneinanderreihten, darunter Zum Goldenen Handschuh, in dem der Serienmörder Fritz Honka seine Opfer kennenlernte, oder der gegenüberliegende Elbschlosskeller, Sammelbecken für alle Gestrandeten von St. Pauli.

Mein Job bestand darin herauszufinden, wer in dem Laden telefonierte. Ich sollte Kontakt zu den entsprechenden Personen herstellen und ihr Vertrauen gewinnen, um am Ende die Hintermänner des groß angelegten Scheckbetrugs ausfindig zu machen.

Also marschierte ich eines lauen Sommerabends im Juni 1994 in die Kneipe hinein und begrüßte die dort anwesenden Personen mit einem fast überschwänglichen «Ciao belli miei». Denn meine Legende wich nur in Teilen von meinem tatsächlichen Lebenslauf ab. Ich war ein boxender Halbitaliener mit Wohnsitz in Lüneburg, der den Kontakt zu seiner Familie abgebrochen hatte, sich nebenbei als Versicherungsmakler verdingte und mehr Geld verdienen wollte, um seine Schulden bezahlen zu können. Aus diesem Grund wollte ich Zuhälter werden, um mir mit Prostituierten ein wenig etwas dazuzuverdienen. Abgesprochen hatte ich diese Legende zu diesem Zeitpunkt mit noch niemandem. Ich erzählte sie einfach, weil sie zumindest in der Familiengeschichte meinem eigenen Leben ähnelte und für mich so jederzeit rekapitulierbar war. Ich setzte mich also an den Tresen und sprach die junge Frau neben mir direkt an.

«Buonasera, darf ich dich zu einem Drink einladen?»

«Gerne, dich habe ich ja noch nie hier gesehen», antwortete sie. Sie war höchstens Mitte zwanzig, hatte rotblondes, schulterlanges Haar, ein puppenhaftes Gesicht mit vollen Lippen. Ein bisschen sah sie aus wie die junge Katja Ebstein.

«Was trinkst du denn?»

«Whiskey Cola.»

«Und wie heißt du?» Ich fiel mit der Tür ins Haus.

«Tanja. Aber jetzt hast du mir immer noch nicht verraten, was so einen schnuckeligen Typen wie dich in dieses Loch hier verschlägt.»

«Ich bin neu in Hamburg. Und ich sag's dir ganz ehrlich: Ich brauche mehr Kohle. Ich bin hier auf dem Kiez, weil ich Zuhälter werden will. Kein Großer, ein, zwei Frauen würden schon reichen. Vielleicht kannst du mich ja mit Leuten bekannt machen.»

Tanja und ich hatten sofort einen Draht zueinander. Sie kam selbst aus dem Milieu, hatte einen Freund, für den sie «ackerte», wie sie sagte. Sie ging also anschaffen und war mit den Personen aus dem Rotlichtmilieu bestens vernetzt. Als Boxer mit Namen Luigi

Esposito hatte ich einen guten Einstieg und war bereits am Ende des Abends mit der Hälfte der Kneipe per Du. Am nächsten Morgen erschien ich auf der Dienststelle, um meinem Vorgesetzten von meinen Erlebnissen zu berichten.

«Jens, du bist wahnsinnig. Wenn wir das wirklich weiterbringen wollen, brauchst du gefälschte Papiere, sonst ist es zu riskant. Du kannst auffliegen. Stell dir vor, die filzen dich und kriegen raus, dass du in Wahrheit Jens Mollenhauer und nicht Luigi heißt.»

Luigi – Gigi – Esposito war der Name meines italienischen Cousins. Den gab es ja wirklich, falls mich jemand überprüfen wollte. Mein Chef besorgte mir einen entsprechenden Personalausweis, und ab dem Moment, in dem ich mich auf der Reeperbahn bewegte, war ich Luigi aus dem Süden Italiens. Und ich wurde Zuhälter. Natürlich kein richtiger, nur nach außen hin. Die Prostituierte, die angeblich für mich arbeitete, war eine V-Frau, eine Vertrauensfrau. V-Leute sind bei der Polizei und beim Verfassungsschutz üblich, um Kenntnisse über ein Umfeld zu erlangen, in dem nur verdeckt ermittelt werden kann. Aktuell werden V-Leute in der rechts- und linksextremen Szene eingesetzt, um an Informationen zu gelangen.

Die V-Frau war Teil meiner Legende, um meine Glaubwürdigkeit gegenüber den wirklichen Zuhältern zu erhöhen. Sie öffnete mir schnell Tür und Tor. In einer Boxkneipe lernte ich Zuhälter kennen, die damals das Geschäft mit der Prostitution auf dem Kiez kontrollierten. Meine Beobachtungen hielt ich minutiös in seitenlangen Berichten fest, die dem LKA als Grundlage für ihre Ermittlungen dienten. Die Luft wurde aber zunehmend dünner für mich, ich musste jederzeit damit rechnen, von Personen aus dem Milieu bespitzelt zu werden. Zu groß war das Misstrauen darüber, dass jemand Geheimnisse ausplauderte, an die die Polizei nicht geraten durfte. Deshalb traf ich mich konspirativ mit einem Mitarbeiter des LKA, der mich führen sollte. Wir tauschten Informationen aus, und ich bekam von ihm Bargeld, damit ich vor den Jungs aus dem Milieu glaubhaft den Luden geben konnte.

Eines Tages allerdings betrat ich mit zwei Albanern einen Waffenladen. Sie brauchten neue Waffen, und ich sollte beim Kauf dabei sein. Zugleich sollte ich herausfinden, welche Waffe für mich geeignet wäre, damit ich mich als Zuhälter behaupten konnte. Das wurde der Einsatzleitung dann zu heiß. Es überstieg meine Qualifikation als NoeB. «Du bekommst Kiezverbot. Du bist nicht führbar!», raunte mir der Einsatzleiter zu. Ein Satz, den ich in meiner weiteren beruflichen Laufbahn noch oft hören sollte. Wie ich vorging, war sicher nicht immer der richtige Weg, aber einer, der mich häufig zum Ziel gebracht hat. Jetzt steckte ich jedoch zu tief im Zuhältersumpf. Ich musste mit einer Legende von der Bildfläche verschwinden.

Zusammen mit einem Kollegen fuhr ich nach Hannover. Das war das letzte Lebenszeichen, das ich auf der Reeperbahn hinterließ. Danach verlor sich meine Spur. Wahrscheinlich hielten mich die meisten für tot. Inoffiziell wurde ich in den Innendienst der Kriminalpolizei versetzt, machte mein Abitur nach und stieg in den gehobenen Dienst der Polizei auf. Von der Arbeit beim Jugendschutz trennten mich damals noch ein paar Jahre.

Rückblickend bin ich froh, diese Zeit irgendwann hinter mir gelassen zu haben. Festnahmezug, Kampfsport, verdeckt ermitteln im Rotlichtmilieu – ich musste einen Gang zurückschalten. Zum Zeitpunkt meines Ausstiegs war ich schließlich bereits dreifacher Familienvater. Ich hatte ein soziales Umfeld, das sich um mich sorgte. Meine Familie, Freunde, Kollegen. Ich hatte meinen Platz im Leben gefunden. Etwas, womit viele «meiner» Jugendlichen hadern.

2

Hamburgs Hinterhof

Hamburg ist riesig. Flächenmäßig kaum kleiner als Berlin. 1,8 Millionen Menschen wohnen hier. Hamburg ist das Tor zur Welt, die schönste Stadt der Welt sowieso, Elbphilharmonie, Speicherstadt, der Hafen. *Schmuck* ist bei uns Hamburgern ein Adjektiv für Schönheit. Und Hamburg sieht schmuck aus, denn der Stadt an der Elbe geht es gut. Die Elbvororte im Westen und die Walddörfer im Norden weisen die höchste Millionärsdichte in Deutschland auf. Hamburg ist nicht so schmutzig wie Berlin, nicht so eng wie München. Eine Stadt der Superlative. Zumindest sieht sich Hamburg selbst so, wenn es darum geht, sich mit anderen Metropolen zu messen.

Die Wahrheit ist nicht ganz so rosig. Hamburg kränkelt, wie viele Großstädte. Soziale Spaltung ist eine seiner Krankheiten. Während es den Menschen rund ums Stadtzentrum besonders gut geht, wächst in der Peripherie die Armut. Gerade im Süden und im Osten der Stadt gibt es jede Menge soziale Brennpunkte, darunter Stadtteile wie Kirchdorf-Süd, Harburg oder Billstedt. Billstedt ist mein Arbeitsplatz. Als «Arbeiterviertel mit internationalem Flair» beschreibe ich es gern. Billstedt hat im Zweiten Weltkrieg viele Bomben abbekommen. Von den begehrten und für Hamburg so charakteristischen Gründerzeitvillen ist hier nicht viel zu sehen. Stattdessen Fünfziger- und Sechzigerjahre-Zweckbauten, wohin man schaut.

Das Straßenbild ist geprägt von Wettbüros, Shisha-Bars, Kulturvereinen und Schawarma-Imbissen. Mehrfamilienhäuser mit rotem Backstein und altem gelblichen Putz wechseln sich ab mit Waschbeton-Blocks, dazwischen hin und wieder ein paar Reihenhäuser. Architektonisch eher fragwürdig. Und immer freitags, rund ums muslimische Freitagsgebet, hat man das Gefühl, in einem anderen Land zu sein. Und das meine ich nicht wertend. Das ist eine besondere Atmosphäre, gerade im Sommer, dann vibriert das Viertel, und die Menschen sind auf den Straßen. Es ist laut, chaotisch und lebendig.

In den Straßen rund ums Billstedt Center, dem größten Einkaufszentrum des Hamburger Südostens, riecht es nach Shisha-Tabak, und auf dem Boden liegen überall die ausgespuckten Hülsen von Sonnenblumenkernen. In einem Reiseführer über Hamburg würde wahrscheinlich stehen: «Billstedt ist ein Stadtteil voller Gegensätze.» In meinen Augen wäre das Schönfärberei. Billstedt ist ambivalent, keine Frage. Graue Architektur auf der einen, grüne Lunge auf der anderen Seite. Parks und Seen wie der Öjendorfer See und die Boberger Dünen sind beliebte Ausflugsziele. Doch zur

Wahrheit zählt auch, dass in Billstedt knapp 60 Prozent aller Menschen einen Migrationshintergrund haben. Das sind fast doppelt so viele wie im Durchschnitt in der Hansestadt. Ähnlich sieht es bei der Arbeitslosigkeit aus. Während in Hamburg nur etwa 4,5 Prozent der Menschen ohne Job sind, sind es in Billstedt fast acht Prozent. Die Anzahl der Straftaten von Jugendlichen hat 2022 laut polizeilicher Kriminalstatistik (PKS) um fast 20 Prozent zugenommen. Eine mögliche Erklärung für diese Zunahme ist die Corona-Pandemie. Schulschließungen und soziale Isolation während des Lockdowns haben bei den Kindern dazu geführt, dass sich ihre Lebensqualität verschlechtert und sich ihr Sozialverhalten negativ entwickelt hat.

Mit Sozialromantik kommt man hier in Billstedt jedenfalls nicht weit. Viele Kulturen, die eher parallel als miteinander leben, mit einem eigenen kulturellen Regelwerk, bestimmen diesen Stadtteil.

Billstedt hat mehrere Hochhaussiedlungen. Mümmelmannsberg, Sonnenland und die Gegend rund um das Billstedt Center sind nur einige davon. Hier hat man in den Sechzigern Straßenzüge voller anonymer Betonburgen errichtet, um für möglichst viele Menschen bezahlbaren Wohnraum zu schaffen. Wer Geld hat, zieht in die Stadt. Und wie so oft bleiben diejenigen, die sich woanders keine Wohnung leisten können. Hier sind viele meiner Jungs und Mädchen zu Hause. So nenne ich die kriminellen Jugendlichen aus meinem

Einsatzgebiet, die ich bei meiner Arbeit fast täglich auf der Straße treffe. In ihrem «Bischded», wie sie es nennen. Billstedt auf «International».

Mittendrin befindet sich das Polizeikommissariat 42, meine Dienststelle, mein Stützpunktrevier. Von hier aus leite ich den Jugendschutz der Polizei Hamburg, Mitte 1 und 2 sowie Bergedorf. Vom Osten der Stadt bis nach St. Pauli erstreckt sich mein Einsatzgebiet. Ein riesiges Areal. Und jeder Stadtteil hat seine Eigenheiten. Wir sind ein fünfzehnköpfiges Team, alles ehemalige Schutzpolizistinnen und Schutzpolizisten, die irgendwann zum Jugendschutz wechselten. Eine eingeschworene Truppe, sehr erfahren, da jeder von uns jahrelang Dienst auf der Straße versehen hat.

Wir betreiben Präventionsarbeit. Unseren Erfolg kann man nicht an Fallzahlen festmachen wie etwa bei der Kripo. Dort werden Ermittlungsresultate in Statistiken erfasst: wie viele Einbrecher gefasst, Gewaltverbrechen aufgeklärt oder Brandstifter festgesetzt wurden. Das gibt es bei uns nicht. Denn Verbrechen, die dank unserer Arbeit gar nicht erst stattfinden, kann man nicht messen.

Der Jugendschutz ist eine Abteilung innerhalb der Polizei, die sich um minderjährige und jugendliche Straftäter kümmert. Oder um solche, bei denen wir befürchten, dass sie es noch werden. Wir besuchen wiederholt straffällig gewordene Jugendliche unangekündigt zu Hause und halten sogenannte Gefährderansprachen. Das sind verbale Warnschüsse, damit die (möglichen) Täter wissen, dass wir sie auf dem Radar haben. Aber wir besuchen auch die Geschädigten, die meist im gleichen Alter sind. In sogenannten Norm- und Hilfegesprächen geben wir den Opfern eine Stimme, hören ihnen zu und schenken ihnen Selbstvertrauen, damit sie möglichst keine Angst mehr vor ihren Peinigern haben.

Aber unser wichtigster Einsatzort ist die Straße. Dort haben wir unsere Ohren. Dort, wo sich die Jugendlichen aufhalten, sind wir. Wir kennen ihre Lieblingsplätze und suchen sie dort auf. Das ist der Kern unserer Arbeit. Wir sind in Zivil unterwegs, sind aber keine Zivilfahnder, auch wenn uns die Kids gerne als «Zivis» betiteln. Wir fahnden allerdings nicht. Als uniformierter Polizist müsste ich die Kids erst überzeugen, dass vor ihnen nicht nur ein Polizist steht, der den Staat, das Gesetz repräsentiert, sondern auch ein Mensch. In Zivil verschwimmt nach einer Doppelsekunde der Eindruck, wir seien «der Staat». Doch wir halten mit unserer Zugehörigkeit zur Polizei nicht hinterm Berg. Ich trage meinen Ausweis gut sichtbar um meinen Hals. So kann jeder Jugendliche sofort sehen, dass ihm ein Polizist gegenübersteht. Ein Zivilfahnder tut das nicht. Ich will als Polizist erkannt und wahrgenommen werden, ich will mich nicht verstecken oder den Eindruck erwecken, undercover unterwegs zu sein. Diese direkte Art schafft Vertrauen. Die Kids erkennen mich. Sie merken, dass ich nichts Böses von ihnen will. Ich will nur reden. Will erfahren, was sie umtreibt, welcher von ihren Kumpels wieder Mist gebaut und bei wem die Kripo gerade vor der Tür gestanden hat.

Das klingt so einfach: *hingehen und mit ihnen reden*. Aber es ist das Ergebnis wochen- und monatelanger Arbeit. Der Versuch, eine emotionale Bindung aufzubauen. Und genau das unterscheidet uns vom Rest unserer Kollegen. Wir tun etwas, das die Jugendlichen nicht kennen: Wir nehmen uns Zeit, und wir hören ihnen zu. Tauchen in ihre Welt ein, lernen ihre Freunde, ihre Opfer, ihre Familien kennen. Immer und immer wieder. Das hat viele Vorteile. Denn wenn es Stress gibt, rufen uns die Streifenpolizisten, und wir können deeskalieren. Bei Straftaten zieht uns die Kripo hinzu, denn wir kennen unsere «Pappenheimer» meist schon lange, bevor sie den ersten Akteneintrag haben.

Damit kein Missverständnis aufkommt: Ich bin und bleibe Polizist. Ich bin kein Sozialarbeiter. Ich habe eine Strafverfolgungspflicht. Beschuldigt ein Jugendlicher sich selbst oder einen seiner Kumpel einer Straftat, muss ich dem nachgehen, ohne Ausnahme. Ich würde mich auch niemals mit einem minderjährigen Jugendlichen hinstellen und eine Zigarette rauchen. Ich lebe Vorbildverhalten nach Gesetzeslage vor. Klingt steif, hilft aber. Ich verbrüdere mich nicht. Mein Auftreten muss im Einklang mit der Arbeit der Polizei stehen. Grenzsetzung gehört dazu. Ich säusele nicht nur oder rede weichgespült. Das ist nicht die Sprache, die die Kids verstehen. Ich erteile Platzverweise, unterbinde Spaßkämpfe und bringe Straftaten zur Anzeige. Ich drücke kein Auge zu. Ich wähle aus, welche Kommunikation wann die beste ist. Ich spreche die Sprache der Jugendlichen und passe mich meinen Adressaten an, damit sie mich verstehen. Manchmal autoritär, mit Du-Botschaften, hart und direkt, dann kommt der Polizist raus. Manchmal aber auch defensiv. Dabei hilft mir mein Urteilsvermögen und meine jahrelange Erfahrung auf der Straße.

Als Polizist denke ich nicht völlig vorurteilsfrei. Ich packe Menschen in Schubladen, scanne sie. Das hilft mir einzuschätzen, wie mein Gegenüber eingestellt ist. Ist er aggressiv, fährt er gerade innerlich hoch? Ist er unsicher, oder versucht er, eine bestimmte Sache zu überspielen? Wühlt ihn etwas auf, oder befindet er sich in einem psychischen Ausnahmezustand? Mich interessiert das Verhalten, das ich in dem Moment beobachte. Den anderen im Blick zu haben und ihn aufmerksam zu checken, dient zugleich der Eigensicherung. Das hat uns Menschen schon vor Zehntausenden Jahren geholfen, Gefahren zu erkennen und besser einzuschätzen.

Wir Jugendschützer sind auch nie allein unterwegs, sondern gehen immer zu zweit auf die Straße. Immer wieder spielen wir das Spiel «Good Cop – Bad Cop». Es ist ein psychologischer Trick, eine Taktik, um zwischen

Sympathie und Provokation sowie Einschüchterung abzuwechseln: Der Grat zwischen guter Bulle und Verräter ist sehr schmal. Doch ich selbst verstehe mich als fairer Polizist. Sobald sich ein Jugendlicher in Schwierigkeiten manövriert, weise ich ihn auf die rechtlichen Konsequenzen hin. Das wissen die Jungs zu schätzen und merken es sich. Im Gegensatz zum Sozialarbeiter haben wir aber einen anderen Stellenwert bei ihnen, weil sie wissen, dass wir Polizisten sind. Der Respekt ist ein anderer, denn zwischen den Jugendlichen und mir besteht immer eine natürliche Distanz. Wir sind Polizisten, wir sind bewaffnet, wir dürfen festnehmen, wenn es notwendig ist.

«'nen Bullen wie dich hab ich noch nie getroffen», höre ich oft von den Kids. Sie können mich und meine Arbeit nicht einordnen und entscheiden am Ende aus dem Bauch heraus, ob ich für sie Freund oder Feind bin. Meistens bin ich Freund. Dadurch wenden sie sich an uns, gerade wenn es einen Konflikt gibt, dann erinnern sie sich an mich, erkennen mich wieder. Viele von ihnen haben auch meine Telefonnummer. Denn bei Gesprächen mit den Kids lasse ich meine Visitenkarte mit meiner Diensthandynummer bei ihnen. Dadurch bin ich oft die erste Anlaufstelle, wenn sie Probleme haben. Das ist das Besondere an unserer Arbeit, und deswegen erfahre ich wenig Widerstände.

Nochmals, ich bin Polizist, insofern ist auch meine Ausrüstung die eines Polizisten: Teleskopschlagstock,

Reizstoffsprühgerät (RSG), eine schusssichere Weste und natürlich meine Dienstwaffe. Damit geschossen habe ich in meiner gesamten Zeit als Polizist aber nie. Meine Waffe ist das Wort. Wenn das nicht ausreicht, habe ich als Jugendschützer versagt. Und wird es doch mal brenzlig, hole ich Verstärkung und gehe nicht allein in die Konfrontation. Das aber passiert äußerst selten.

Als Leiter unserer Einheit entscheide ich, wer ein Team bildet. Auch hier ist Vertrauen wichtig. Denn wer als Team funktioniert, kann in kritischen Situationen auf den anderen aufpassen. Das ist notwendig, denn die Kids haben trotz ihres oft noch sehr jungen Alters vielfach eine beachtliche Strafakte, nicht selten mehr Akteneinträge als Lebensjahre. Mein Kollege Helge Westphal kennt den Jugendschutz wie kaum ein anderer. Eigentlich bin ich derjenige, der in Bildern spricht. Aber diese sehr passende Metapher kommt von Helge. Er sagt über die gewalttätigen Kids: «Leider ist es so, dass viele der Jugendlichen frühkindliche Gewalt erlebt haben. Und das prägt. Das ist in etwa so, als hätte man dunkle Flüssigkeit in ein Gefäß geschüttet und darauf klare. Das Klare steht für das Gute im Kind, im Menschen. Aber die dunkle Flüssigkeit ist da, und je nachdem, in welche Richtung sich ein Leben bewegt, kann die dunkle Flüssigkeit im Gefäß wieder hochkommen. Man wird sie nicht los.»

Viele stellen sich die Partner-Situation bei der Polizei sicherlich so vor, wie sie in Fernsehkrimis gezeigt wird. Zwei ermittelnde Polizeibeamte, Seite an Seite, die Akten wälzen, im Dienstwagen Unmengen von Kaffee trinken, Wohnungen observieren und bis ins Morgengrauen hinein den Bösewicht jagen, um einen Fall zu lösen. Anschließend gehen sie in eine Kneipe und trinken ein Bier. So ist es aber nicht, die Realität ist eine andere. Allein schon deshalb, weil wir beim Jugendschutz keine Ermittlungsarbeit machen. Und nach Feierabend gehen Helge und ich nach Hause zu unseren Familien, denn wir sind nicht nur Polizisten, sondern auch Väter, und unsere Kolleginnen sind Mütter. Außerdem sind unsere Dienste häufig lang und können sich bis weit nach Mitternacht ziehen.

Was aber tatsächlich zutrifft, ist die Vorstellung von dem besonderen Band, das Kollegen zusammenschweißt. So ist es jedenfalls bei Helge und mir. Seit 2003 ist Helge beim Jugendschutz der Hamburger Polizei und damit der Kollege, der den Job am längsten von uns macht. Seine Perspektive auf die Straße ist ziemlich einzigartig. Er kennt fast jeden Jugendlichen, und die Jugendlichen kennen ihn. Sie haben ihm den Spitznamen «Franzose» gegeben, weil er immer ein Barett aufhat. Helge wollte unbedingt eine Kopfbedeckung tragen, hatte aber das Gefühl, dass ihm keine Mütze wirklich gut steht. Er probierte einige Modelle und Caps durch, bis er schließlich beim Barett landete. Danach trug er es konsequent bei jedem Dienst, und es wurde zu seinem Markenzeichen. Zeitweise trug er die Haare zum Pferdeschwanz mit einem Undercut. Ziemlich cool. Die Jugendlichen sollen uns ja auch erkennen, daher war dieses besondere Accessoire ein klarer Vorteil.

Als Helge sich 2003 für den Jugendschutz bewarb, sagte man ihm das Gleiche wie mir: «Das ist dein Karriereende. Da gibt es weder große Aufstiegschancen noch weitere Pickel auf der Schulter.» «Pickel» ist Polizei-Jargon, gemeint sind damit die Sterne auf den Schultern unserer Uniformen, an ihnen kann man den Dienstgrad und die Besoldungsstufe ablesen. Aber Helge wollte genauso wie ich etwas machen, in dem er einen höheren Sinn sah, das war ihm wichtiger als ein höherer Verdienst. Im Streifenwagen unterwegs zu sein bedeutet, kurzfristig Brände zu löschen. Schnell hin, Sachverhalt klären, Anzeige aufnehmen, schnell weg. Zeit für längere Gespräche gibt es meist nicht, weil der nächste Funkruf schon eingetroffen ist. Es besteht keine Möglichkeit, nachhaltig an den Fällen dranzubleiben. Die Menschen und die Schicksale verschwimmen miteinander, und man vergisst bei der Anzahl der Einsätze die einzelnen Geschichten. Das ist völlig normal. Die Polizei arbeitet nun einmal hauptsächlich nicht präventiv. Sie kommt erst, wenn etwas passiert ist. Mit Ausnahme des Jugendschutzes: Wir sind idealerweise schon da, wenn sich etwas anbahnt.

Und genau das wollte Helge: vor Ort sein, bevor etwas Dramatisches passiert. Er ist immer sehr direkt, aber auch fair. Das lieben die Jugendlichen an ihm, dafür respektieren sie ihn. Helges Einstellung: Die Kids brauchen einen klaren Rahmen und nicht zig verschiedene Optionen. Jeder dieser Jugendlichen hat das Grundbedürfnis nach Liebe und Zuneigung, manchmal vielleicht sogar, ohne es selbst zu wissen. Helge und ich sprechen oft nach Hausbesuchen darüber und kommen stets auf diesen Nenner. Die Befriedigung dieses Grundbedürfnisses fehlt in nahezu allen problematischen Fällen, darüber sind wir uns einig. Und weil wir dieselben Auffassungen teilen, passen Helge und ich auch als Team so gut zusammen.

3

Lukas – der Junge vom Balkon

Lukas fiel bereits als Dreizehnjähriger mit Straftaten auf. Und damit ist er nicht mal besonders früh dran. In letzter Zeit bekommen wir mehr und mehr Fälle von der Kripo weitergeleitet, in denen die Kids gerade sieben oder acht Jahre alt sind. Mal geht es um gefährliche Körperverletzung bei schweren Schlägereien, wahlweise Raub, aber mindestens handelt es sich dabei um einfache Körperverletzungen. Dazu zählen Spucken, Kratzen oder Schubsen. Im Vergleich zu 2019 haben wir eine Steigerung von 20 Prozent bei tatverdächtigen Kindern unter 14 in Hamburg; bundesweit sieht es recht ähnlich aus. Natürlich existiert diese Gewalt nicht flächendeckend, aber sie ist da und kann überall auftreten. Und sie ist ganz offensichtlich enthemmt und jenseits der Vorstellungskraft vieler Erwachsener.

Auch Lukas hatte schon fleißig Anzeigen gesammelt, an seiner Schule lagen mehrere Gewaltmeldungen vor, bei denen er involviert war. Wir hatten Lukas auf dem Radar, weil wir ihn und seine Mutter bereits dreimal zu Hause für Norm- und Hilfegespräche aufgesucht hatten. Das LKA, das Landeskriminalamt, schickt uns oft mit den Worten «Guckt da mal nach dem Rechten» los. Und das tun wir. Uns interessiert: Wie leben die Kids? Wie ist die innerfamiliäre Beziehung? Wie sieht das Kinderzimmer aus? Gibt es überhaupt eines? Räumen die Eltern oder die Jugendlichen den Tatvorwurf ein, und vor allem – ist da eigentlich Liebe in den vier Wänden? Letzteres klingt sehr allgemein, aber es ist allzu oft der Kern des vorliegenden Problems.

In den ein bis zwei Stunden, in denen wir die Jugendlichen zu Hause aufsuchen, erhalten wir lediglich kurze Einblicke, die eine Momentaufnahme darstellen. Dabei geben wir den Eltern nie das Gefühl, dass wir sie oder das Kind bewerten. Selbst wenn die Umstände prekär sind, sprechen wir kein moralisches Urteil aus, weisen nicht auf Versäumnisse hin. Ein «Du, Du, Du!» hat es bei mir nie gegeben. Ich bin kein Erzieher und gebe vor Ort weder pädagogische Tipps, noch halte ich eine Standpauke. Dabei warten manche Eltern geradezu darauf, weil sie selbst ahnen oder gar wissen, dass etwas schiefgelaufen ist. Aber darauf hinzuweisen ist nicht unsere Aufgabe. Vorrangig möchten wir erreichen, dass wir nicht wiederkommen müssen. Im besten Fall bleibt Lukas straffrei und sein weiteres Verhalten gibt uns keinen Anlass, wieder aufkreuzen zu müssen.

Nach jedem Besuch schreibe ich einen Bericht ans Jugendamt. In ihm formuliere ich meine Eindrücke, die ich während des Zusammentreffens gesammelt habe. Was das Jugendamt daraus macht, weiß ich nicht. Datenschutz. Aber ich kann mit meinen Berichten dafür sorgen, dass das Amt den Kontakt zur betroffenen Familie entweder intensiviert oder entsprechende Maßnahmen ergreift, sollte es doch erneut zu Vorfällen kommen. So kann das Jugendamt meine Berichte zum Beispiel als Grundlage nutzen, um einen Jugendlichen aus der Familie zu nehmen, wenn es Anhaltspunkte für eine Kindeswohlgefährdung gibt. Das ist allerdings wirklich erst der letzte Schritt, wenn kein anderes Vorgehen mehr greift.

Hauptsächlich dienen meine Berichte dem Jugendamt dazu zu erfahren, was gerade in der Familie los ist, und Bewegung in einen Fall zu bringen, also aktiv zu werden. Oft ist diese Arbeit ein Tropfen auf den heißen Stein, aber ein sehr wertvoller.

So war es auch bei Lukas. Er war aktenkundig, und wir hatten in den letzten Monaten ausführliche Berichte zu unseren Hausbesuchen bei ihm und seiner alleinerziehenden Mutter angefertigt. Dann erreichte uns wieder eine Anzeige, in der er beschuldigt wurde. Es ging um versuchten Raub. Die Beschreibung passte. Lukas trug jedes Mal dieselben Klamotten. Eine rote Jogginghose und eine auffällige schwarz-rote Jacke. Er entwendete Mitschülern ihr Handy, beraubte sie also. In der Jugendsprache wird das «Abziehen» genannt. Mit einem «Abziehen» kann man sich brüsten, es ist etwas, das einem auch Respekt im Viertel und in der Schule verschafft. Die Kids denken nicht darüber nach, dass es sich dabei um eine schwere Straftat handelt, die bei Erwachsenen mit mindestens einem Jahr Freiheitsstrafe geahndet werden kann.

Mit unserer Anzeige gegen Lukas fuhren wir also nach Mümmelmannsberg, oder «Mümmel», wie einige Jugendliche die Großwohnsiedlung nennen. 1970 war hier Spatenstich. Auf der grünen Wiese wurde mit zahlreichen Betongiganten ein Zuhause für rund 18 600 Menschen geschaffen. Viele empfinden in dieser Umgebung Zusammenhalt, andere fühlen sich verloren, weil hier viele Parallelgesellschaften ihren Ursprung haben. Menschen aus verschiedenen Kulturkreisen mit unterschiedlichen Sprachen und manchmal auch eigenen Gesetzen, die sich mit dem deutschen Rechtsverständnis nicht immer vereinen lassen, leben in diesem Billstedter Stadtteil neben- und miteinander. Der Wind pfeift durch die Laubengänge. Man kennt und erkennt uns in der Siedlung, aber man grüßt uns nicht.

Und nun waren wir hier, um nach dem Rechten zu sehen. Es war 16 Uhr und damit nicht unwahrscheinlich, dass wir Frau M. antreffen würden. Frau M. war Ende dreißig und hatte neben Lukas ein weiteres, sechsjähriges Kind. Zum vierten Mal läuteten wir an dem Klingelschild.

«Jugendschutz der Hamburger Polizei, Mollenhauer mein Name. Frau M., mögen Sie uns mal aufmachen? Wir würden gern mit Lukas sprechen. Gegen Ihren

Sohn liegt eine Anzeige wegen versuchten Raubes vor.»

Das Türschloss schwirrte, ohne dass Frau M. etwas sagte. Nachdem wir die Eingangstür geöffnet hatten, nahmen Helge und ich die Treppen in den zweiten Stock. Wenn wir nicht gerade in den siebten Stock müssen, benutzen wir immer die Treppe. Die Aufzüge in diesen Blocks sind manchmal so schmutzig und eng, dass wir froh sind, wenn wir sie meiden können. Außerdem kann uns so keiner durch das Treppenhaus entwischen, und wir erleben gleichzeitig das Zuhause und die Nachbarschaft. Wie sieht es vor den Türen der anderen Bewohner aus? Wer kommt uns womöglich entgegen? Davon abgesehen fährt das Treppensteigen den Kreislauf hoch, was von Vorteil sein kann – wir wissen schließlich nie, was uns erwartet. Da kann von Ablehnung, Resignation, aber auch Aggression und Willkommenskultur nahezu alles dabei sein. Sehr oft stoßen wir allerdings auf etwas, das ich persönlich am Schlimmsten finde, wenn es um Kinder geht: Gleichgültigkeit.

Frau M. stand weiterhin wort- und grußlos in der Haustür, die einen Spalt geöffnet war. Ihr Gesichtsausdruck ließ nichts Schlechtes, aber auch nichts Gutes erahnen. Manche Menschen geben sich keine Mühe mehr, einen freundlichen Eindruck zu vermitteln. Sie haben so viele existenzielle Sorgen, dass sie für Nettigkeit keine Kapazitäten mehr haben. Die Gesamterscheinung entspricht dem Lebensschicksal oder der schlechten Tagesform.

Durch unsere vorherigen Besuche wussten wir, dass Frau M.s bisheriges Leben nicht unbedingt einfach gewesen war. Sie hatte sich darauf eingestellt, nicht mehr auf positive Nachrichten zu hoffen.

«Guten Tag Frau M., ist Lukas zu Hause?»

«Ja. Was ist denn?»

«Gegen ihn liegt wieder eine Anzeige vor. Es geht um einen versuchten Raub. Können wir reinkommen?»

Sie verschwand geräuschlos aus dem Spalt, ließ diesen offen hinter sich zurück und schlurfte dann durch die zweite Tür links ins Wohnzimmer. Am geöffneten Fenster blieb sie stehen, mit dem Rücken zu uns gewandt. Sie zündete sich eine Zigarette an. Ihr Gebaren wirkte, als hätte sie es mit einer nervigen Nachbarin zu tun, die uneingeladen zum Kaffeeklatsch gekommen war. Wir warteten im Wohnzimmer und nahmen erst einmal nicht Platz. Uns wurde ja auch keiner angeboten. Anstatt in das Zimmer ihres Kindes zu gehen und an Lukas' Tür zu klopfen, rief Frau M. lauthals durch die Wohnung und zwei tragende Wände:

«Luuuukaaaas!»

«Waaaas?!» Das war Lukas.

«Die Männer von der Polizei sind schon wieder da.»

«Was hab ich damit zu tun?»

«Komm sofort her. Sonst holen die dich da raus.»

Keine Minute später betrat Lukas den Raum. Ausdruckslos betrachtete er uns, bis er schließlich die Augenbrauen hob. Eine Mischung aus Erstaunen und Wut war plötzlich in seinen Zügen zu erkennen. Er zuckte mit den Schultern und wiederholte das, was er wenig zuvor durch die Wohnung geschrien hatte.

«Was? Ich hab damit nichts zu tun. Klar?»

«Hallo, Lukas», sagte ich. «Wir kennen uns ja bereits. Gegen dich liegt erneut eine Anzeige vor. Du wirst beschuldigt, einen anderen Mitschüler geschlagen zu haben. Außerdem wolltest du ihm das Handy wegnehmen. Die Mutter von Danilo hat Anzeige erstattet. Danilo, den kennst du doch, oder?

«Ja. Aber ich hab sein Handy nicht.»

«Okay. Du weißt, dass das Gespräch hier freiwillig ist, und wir wollen dir auch nichts Böses. Aber langsam wird es ernst für dich, denn in einem Jahr bist du strafmündig. Dann kann man dich auch strafrechtlich belangen. Wusstest du das?»

«Keine Ahnung.»

Lukas Augen suchten Halt im Raum, er fand ihn am Boden. Lang und schmal stand er da, den Blick gesenkt. Seine Mutter atmete laut aus. Mal Zigarettenrauch, mal schnaubte sie wütend. Hin und wieder beides zusammen. Ihr ehemaliger Lebensgefährte, der auch der Vater von Lukas war, und sie hatten sich vor fünf Jahren getrennt. Lukas war damals acht gewesen. Kontakt bestand zum Kindsvater keiner, hatte sie uns bei einem früheren Besuch erzählt. Der Vater hätte kein Interesse an seinem Jungen, und Unterhaltszahlungen würden auch nicht geleistet. Frau M. hatte danach den einen oder anderen wechselnden Partner. Vor drei Jahren, zwei Jahre nach der Trennung, kam dann Lukas' Bruder Paolo auf die Welt. Auch dieser Kindsvater war, wie Frau M. sagte, «weg». Was auch immer das genau heißen mochte.

Fakt war, hier gab es zwei Jungs, aber keinen Vater und damit kein männliches Vorbild. Solche Familienstrukturen sehen wir oft. Aus eigener Erfahrung weiß ich, was es bedeutet, wenn wechselnde Lebenspartner den Stiefvater spielen wollen. Im schlechtesten Fall sind sie gewalttätig, oder es ist so wie in meiner Kindheit, dass sie dem Gang in die Kneipe mehr zugeneigt sind als einem gemeinsamen Besuch auf dem Kinderspielplatz. Aber wie sollen ständig wechselnde Partner die Lücke eines stets präsenten Vaters füllen? Überhaupt ist die Rolle eines Stiefvaters grundsätzlich nicht leicht, schon gar nicht in schwierigen Familienverhältnissen. Vielfach wird er nur bedingt akzeptiert oder gar geliebt. Natürlich gibt es Ausnahmen. Aber in ohnehin schon schwierigen Ausgangssituationen habe ich es nur selten erlebt, dass ein Stiefvater es schafft, die Familienharmonie wiederherzustellen. Jedenfalls weiß ich, wie es sich anfühlt, ohne eine vertraute männliche Bezugsperson aufzuwachsen. Oder wie schwer es einem als Kind fallen kann, den neuen Partner der Mutter anzunehmen. Das beeinflusst auch die Beziehung zur Mutter selbst und trägt nicht gerade zu einem friedlichen Miteinander bei. Ohne genaue Details zu kennen, konnte ich mir vorstellen, wie es Lukas ging.

Helge und ich versuchten, mit ihm ins Gespräch zu kommen. Da er Beschuldigter einer Straftat war, und das nicht zum ersten Mal, war es in solchen Fällen wichtig herauszubekommen, ob er überhaupt verstand, dass er eine Straftat begangen hatte. Viele Kinder und Jugendliche haben noch kein Gefühl dafür, dass das, was sie tun, unrecht oder gar strafbar ist. Auch aus diesem Grund legt der Staat die Strafmündigkeit für Jugendliche erst auf vierzehn Jahre fest. Ab diesem Alter unterstellt er ihnen eine bewusste Steuerungsfähigkeit ihres eigenen Handels. Doch selbst bei über Vierzehnjährigen kommt es häufig vor, dass sie das Ausmaß ihrer Tat noch nicht begreifen.

Drei Norm- und Hilfegespräche führen wir gewöhnlicherweise, in Ausnahmefällen auch mal mehr. Da wir hier schon das *vierte* Gespräch bei Frau M. und Lukas vor Ort hatten, war unsere Hoffnung, eine Besserung der Gesamtsituation herbeiführen zu können, nicht besonders groß. Wir können die jahrelangen Versäumnisse der Eltern nicht in Kürze aufarbeiten.

Meistens werden die Jugendlichen nicht zufällig straffällig, sondern ihre Taten haben mit dieser blinden und stummen Wut zu tun. Diese entsteht, weil sie sich ungesehen, unverstanden, ungeliebt fühlen, ungerecht behandelt, abgehängt. Die Wut, das Feuer im Bauch, kann leise vor sich hin lodern, aber hin und wieder auch hohe Flammen schlagen. Löscht man es nicht, wird es immer größer – bis es sich, oftmals in Form von Gewalt gegen andere, Bahn bricht.

Um das Feuer im Bauch zu bekämpfen, muss man lernen, Gefühle wie Wut, Trauer und Enttäuschung bewusst wahrzunehmen, über sie zu sprechen, Stopp zu sagen, wenn es zu viel wird. Wichtig ist außerdem, eigene und die Grenzen anderer zu erkennen, sich dazu zu äußern, was erträglich ist und was nicht. Wenn ich einen Konflikt nicht mit Worten regeln kann, ist es entscheidend, der Sache aus dem Weg zu gehen.

Die allermeisten Kids, die wir aufgrund ihrer Taten zu Hause aufsuchen, haben diese Wut im Bauch und sind gleichzeitig oft nicht fähig, sie zu kanalisieren. Das ist nichts, was sich mal eben beheben lässt.

Inzwischen nahmen wir am Wohnzimmertisch Platz, Frau M. hatte uns dazu aufgefordert.

«Lukas, wenn es für dich okay ist, würde ich dir gern auf meinem Block hier etwas aufmalen. Hast du Lust, dir das anzusehen und mir zuzuhören?»

Achselzucken.

«Das bist du, vielleicht etwas ungeschickt gezeichnet. Ich hoffe, dass du damit leben kannst. Und hier male ich einen Feuerball, genau dorthin, wo dein Bauch ist. Weißt du, was der Feuerball für eine Bedeutung haben könnte?»

«Keine Ahnung.» Immerhin sagte Lukas etwas, es kam nicht nur ein Achselzucken.

«Dieser Feuerball soll die Wut in deinem Bauch darstellen. Was schätzt du, wie heiß die Flamme bei dir ist, wenn 100 Grad das Heißeste ist?»

Das gezeichnete Bild half mir, ein besseres Gefühl für Lukas zu bekommen. Gewalt ist wie eine Spirale. Es fängt mit Kleinigkeiten an, doch nach und nach steigert sich die Wut, potenziert sich, bis sie eskaliert. Dann sind 100 Grad erreicht. Wenn der Jugendliche sich selbst einschätzt, erlaube ich mir eine Prognose, wann er wieder gewalttätig wird.

Mir war auch wichtig, dass Lukas bei diesem Besuch selbst erkannte, wie groß die Wut in ihm war – vielleicht fand sich dann für ihn ein Ansatzpunkt, auf Ursachenforschung zu gehen und zukünftig einen anderen Umgang damit zu finden. Deshalb fragte ich gezielt nach der Temperatur des Feuers.

«Weiß nicht, 95 oder so.»

Das war hoch. Viel heißer ging es nicht mehr. 100 Grad sind purer Hass. Wenn ich dem anderen den Tod wünsche. Lukas presste die Lippen aufeinander. Die Nasenflügel bebten und seine Augenlider flackerten.

In diesem Moment grätschte Frau M. in den sich anbahnenden Dialog hinein, sodass im Grunde kein Gespräch zustande kam. Sie brüllte ihren Sohn an, er möge gefälligst antworten, und das nicht nur einmal. Ihre Reaktionen waren äußerst aggressiv.

«Lukas, jetzt sag doch mal was! Der Mann will was von dir. Ich habe keinen Bock mehr, dass du mir und deinem Bruder das Leben zur Hölle machst.»

Das Verhalten der Mutter war für mich nichts Neues. Tatsächlich erleben wir es öfter, dass Eltern, wenn wir, also die Polizei, zu Hause aufkreuzen, Autorität ausstrahlen wollen. Sie wollen beweisen, dass sie das Sagen haben und die Kontrolle über die Erziehung. «Seht her, ich erziehe mein Kind!» Meist wird unsere Anwesenheit ausgenutzt, um auf den Tisch zu hauen. Gerade alleinerziehende Mütter fühlen sich durch unsere Anwesenheit auch sicher, was leider häufig dazu führt, dass sie derart mit ihren Kindern aneinandergeraten, dass es zu körperlichen Auseinandersetzungen kommt.

So war es laut meinen Notizen auch bei Lukas. Seine Mutter hatte uns beim ersten Hausbesuch erzählt, dass sie Angst um ihren jüngeren Sohn habe. Lukas würde beißen, schlagen, spucken und kratzen, es käme zu verbalen Konflikten und Geschwister-Rivalitäten. Die Angst um das wehrlose kleinere Geschwisterkind war gut nachvollziehbar. All diese Überforderung spiegelte sich dann auch bei unseren Besuchen in der Kommunikation, in dem Umgang mit Lukas wider. Frau M. wollte den Eindruck vermitteln, dass sie die Kontrolle über ihren älteren Sohn hat, indem sie ihn immer wieder anfuhr, anschrie und gar nicht richtig zu Wort kommen ließ. Tatsächlich beginnt aber Erziehung mit Respekt. Der fehlte hier völlig. Auf beiden Seiten.

Ich hatte mir auch Lukas' Zimmer angesehen. Das mache ich in der Regel bei allen Norm- und Hilfegesprächen. Ein Kinderzimmer sagt viel darüber aus, womit sich das Kind oder der Jugendliche in seiner Freizeit beschäftigt. Gibt es Spielzeug, ein Bett, sauberes Bettzeug, einen Kleiderschrank mit frischer Wäsche, eine Trennung von der Schmutzwäsche? Wie sehen die Bodenbeläge und die Tapeten aus, ist Farbe an der Wand? Ich zähle hier Dinge auf, die vielen als völlig normal erscheinen. In der Tat sind sie es aber nicht. Oft betrete ich Wohnungen, in denen nicht einmal ein richtiges Kinderzimmer existiert oder in denen ich kein Spielzeug oder kindgerechtes Beschäftigungsmaterial wie Malzeug oder etwas zum Basteln für die kleineren Kinder entdecken kann. Konsolen wie eine PlayStation sehen wir hingegen regelmäßig, Brett- oder Gesellschaftsspiele kaum bis gar nicht, und Bücher sind äußerst selten vorhanden. Am Geld kann es dann nicht liegen. Denn meist scheint es in diesen Familien kein Problem zu sein, große Fernseher, Spielkonsolen oder Smartphones anzuschaffen, Dinge, die ja einiges kosten. Ich denke, es sind in diesen Fällen eher fehlender Wille, Desinteresse und Resignation. Oft verlassen sich die Eltern auf das System Schule und geben die Verantwortung an die Lehrkräfte ab. Nach dem Motto:

«Die kümmern sich, die erziehen mein Kind schon und sorgen dafür, dass es etwas lernt.»

Manchmal frage ich die Kids, ob sie mir ihre Spiel- oder Schulsachen zeigen können. Eine total versiffte Matratze eines Elfjährigen war einmal ein ziemlich schlimmer Anblick, da hätte eigentlich kein Mensch drauf schlafen können. Die Tapete rollte sich von den Wänden. Im Wohnzimmer hingegen hing ein Fernseher so breit wie die Wand, und auf dem Boden lag ein teurer Teppich, den man nicht einmal mit Socken betreten durfte. Das Kinderzimmer war aber letztlich nicht bewohnbar.

Sind wir mit solchen Gegebenheiten konfrontiert, melden wir das sofort dem Jugendamt. Aber was daraus wird, könnten wir ob der Menge an Fällen gar nicht nachverfolgen, mal abgesehen davon, dass es allein schon aus Datenschutzgründen nicht möglich ist. Ein Dilemma, aber auch das ist Behörde. Es fehlt an Austausch, an Updates, an intensiver Betreuung – alles Dinge, die so bitter nötig wären. Vor allem fehlt es jedoch an Personal und an Geld für präventive Arbeit, aber keine Behörde außer unserer beansprucht Präventionsarbeit für sich.

Mit dem Einverständnis der Mutter und von Lukas schaute ich mir also nun Lukas' Zimmer an. Der Raum war dürftig eingerichtet, lieblos und ohne Hinweis auf Hobbys oder Interessen des Jugendlichen. Keine

Bilder oder Poster an der Wand, kein Schulmaterial, keine Gardinen oder eine Möglichkeit, das Zimmer vernünftig abzudunkeln – stattdessen hing vor dem Fenster ein Laken. Eine Spielkonsole hingegen fanden wir vor. Helge und ich warfen uns einen Blick zu, wir dachten das Gleiche und nickten uns für Außenstehende kaum wahrnehmbar zu. Kein Schreibtisch, kein Kleiderschrank. Dennoch war das Zimmer auch keine Katastrophe.

Über die Jahre habe ich zwar gelernt, professionelle Distanz zu wahren, aber als Familienvater gehen mir solche Zustände doch nah. Ich weiß, wie viel Arbeit Kinder machen. Beziehung ist Arbeit, und Erziehung ist es ebenfalls. Das ist nahezu eine lebenslange Aufgabe. Bei einigen Eltern, die ich besuche, denke ich manchmal, dass sie sich das Konzept Familie einfacher vorgestellt hatten, weniger aufwendig. Vielleicht hatten sie sich gewünscht, dass die Erziehung der Kinder mehr von selbst ablief, als seien diese Selbstgänger. Aber so läuft es nicht. Kinder brauchen ihre Eltern, und in den ersten Jahren sind Zeit, Zärtlichkeit und Zuneigung das Allerwichtigste. Diese drei Worte werde ich mit Sicherheit noch das eine oder andere Mal erwähnen.

Bei vielen Kindern ist ein eigenes Zimmer nicht selbstverständlich und in vielen Familien eine Sache des Geldes. Aber selbst wenn sich ein Kind mit Geschwistern ein Zimmer teilt, hat es damit sein eigenes Reich, einen Rückzugsort, eine Zone, in die man Freunde einladen kann. Es ist ein Ort, an dem das Kind Zeit verbringt, und ich als Elternteil weiß, mit wem es spielt und womit es sich beschäftigt.

Leider haben viele Eltern, die ich im Laufe meiner Arbeit als Jugendschützer kennengelernt habe, keine Ahnung, wofür sich ihre Kinder interessieren oder wie sie ihre Freizeit verbringen. Die Eltern sind oft zu sehr mit sich selbst beschäftigt. Einige haben damit zu tun, mit den Problemen des Lebens fertigzuwerden, andere telefonieren ständig über ihre Handys, sind im Netz unterwegs, hängen vor der Glotze und sind nicht ansprechbar für ihre Kinder. Wieder andere kümmern sich nicht um die Vorlieben ihrer Söhne und Töchter, weil ihnen die eigene Karriere wichtiger ist. Geld ist aber kein Substitut für Zuneigung. Natürlich freuen sich Kinder über die neuesten Markenklamotten, die neue PlayStation oder luxuriöse Urlaube. Aber nichts davon ersetzt eine intensive Beschäftigung mit dem Kind, gelebte Zuneigung und ehrliches Interesse. Das klingt wie eine Binsenweisheit, wie etwas Selbstverständliches, aber leider erlebe ich viel zu oft, dass es nicht so ist. Fehlen seit frühester Kindheit Zeit, Zuneigung und Interesse, kann dies nicht auf die Schnelle kompensiert oder nachgeholt werden. Wenn Eltern sich dann doch darum bemühen, stellen sie häufig fest, dass sie gar keine Beziehung zu ihrem Kind haben, sie keinen Zugang mehr zu ihren problematisch gewordenen Kids finden. Wie auch, wenn sie gar nicht wissen, was diese umtreibt.

Der Kontrast zwischen meinem Familienalltag und dem, was ich im Job erlebe, ist groß. Natürlich gibt es auch bei mir zu Hause Konflikte, aber meine Kinder gehen nach draußen, um zu spielen und sich dabei abzureagieren – nicht, um sich zu schlagen.

Fahre ich zum Dienst, zu meinem «Stützpunkt», fahre ich in eine andere Welt. Ich wohne auf dem Land und damit jenseits von Brennpunkten. Bei uns steckt der Schlüssel von außen auf der Tür. Mein Revier und die Viertel, in denen ich arbeite, das ist ein anderer Kosmos. Und jedes Mal, wenn ich mich dorthin aufmache, lasse ich eine «Bullerbü»-Idylle hinter mir.

Lukas' Zimmer befand sich eindeutig nicht in Bullerbü, auch gab es keinen Aufschluss darüber, womit er sich in seiner Freizeit beschäftigte.

«Lukas, was hast du denn für Hobbys?», fragte ich ihn nun.

«Zocken.»

«Hmm. Und deine Freunde? Wie heißen die?»

«Hab keine Freunde.»

Mehr Persönliches war aus ihm nicht herauszubekommen.

«Du weißt, dass das Abziehen von Handys anderer Mitschüler wie bei Danilo einen Straftatbestand darstellt?»

Kopfschütteln.

«Bei solchen Situationen können Schadensersatzansprüche geltend gemacht werden.»

«Was heißt das?»

«Deine Mutter könnte zur Kasse gebeten werden.»

Augenblicklich wurde Frau M. wieder laut. Lukas' Gesicht verschloss sich wieder, es war zu sehen, dass wir in diesem Moment nicht weiter an ihn herankommen würden.

Helge und ich verabschiedeten uns schließlich. Auf dem Weg zum Wagen tauschten wir uns aus.

«Wir können nur hoffen», sagte Helge, «dass Lukas irgendwann Vertrauen zu uns fasst und uns auf der Straße anspricht.»

«Hoffen wir es. Zum Glück ist das gar nicht so selten», erwiderte ich.

Nach unserem Gespräch verschwand Lukas viele Jahre vom Radar des Jugendschutzes. Wenn wir die Kids im Kiez nicht mehr sehen und wir von der Kripo nichts hören, kann das auch Gutes bedeuten. Manchmal finden sie in Jugendeinrichtungen ihren Platz oder ziehen zu einem anderen Familienangehörigen. Das kann manchmal eine Wende bringen. Bei uns im Viertel und im Polizeisystem fiel Lukas zumindest nicht durch weitere Straftaten auf, und wir hofften, er sei einer von denen, die noch mal den Absprung geschafft haben.

Doch dann kam der Tag, an dem wir in einer lauen Sommernacht von einer Streife um Unterstützung gebeten wurden. Die Zieladresse kam uns bekannt vor: Wir wurden zu der Wohnung gerufen, in der Lukas mit seiner Mutter und seinem Halbbruder gewohnt hatte – und laut dem uns bekannten Familiennamen und dem Vorfall wohl noch immer lebte. Lukas, so überlegten wir, musste inzwischen neunzehn Jahre alt sein.

Vier oder fünf Streifenwagen standen bereits vor dem Wohnhaus. Es war, wie Helge und ich erfahren hatten, um Stress, Geschrei und um die Durchsetzung eines Annäherungsverbots gegangen: um ein Annäherungsverbot zwischen Mutter und Sohn. Als wir aus dem zivilen Dienstwagen ausstiegen, sahen wir auf dem Balkon ein Zelt. Campierte Lukas dort etwa auf dem Balkon?

«Öffnen Sie uns bitte», baten wir die aufgelöst klingende Frau M., als wir bei ihr klingelten und sie sich meldete.

Die Nachbarn, so stellte es sich heraus, hatten die Polizei gerufen. Nachdem Frau M. die Tür aufmachte und uns hereinließ, gingen wir sofort zum Balkon. Wir waren jetzt nicht wie Jahre zuvor für ein Norm- und Hilfegespräch gekommen, sondern für eine Gefährderansprache, wie ein Aufklärungsgespräch mit oder über potenziell gefährdete Personen bezeichnet wird. Lukas' Mutter hatte, wie wir weiterhin erfuhren, über das Jugendgericht ein Annäherungsverbot erwirkt, weil Lukas sie bedroht hatte.

Als Frau M. uns nun durch die Wohnung in Richtung Balkon führte, sahen wir, dass Lukas inzwischen tatsächlich in dem Zelt lebte. Darin lagen eine Luftmatratze, dreckiges Bettzeug, ein paar Klamotten und jede Menge Müll. Sein Handy, ein Lade-Akku und eine Packung Eistee waren seine einzigen Habseligkeiten. Dennoch mussten wir ihm klarmachen, dass er sich seiner eigenen Mutter nicht nähern dürfe.

«Hallo, Lukas, kennst du uns noch? Lange nicht gesehen. Wieso lebst du hier im Zelt?», fragten wir ihn.

«Wo soll ich sonst hin?»

«Aber in so einem Zelt kannst du doch nicht dauerhaft pennen. Darin verwahrlost du doch», antwortete ich.

«Ich fliege überall sonst nur raus. Egal wo. Gibt nur Stress da.»

Lukas begann, auf seine Mutter zu schimpfen, seine Stimme bebte vor Wut und zitterte vor Trauer

Helge und ich kannten solche Situationen. Das Jugendamt hat personell nicht die Möglichkeiten, Kids wie Lukas intensiv zu betreuen. Und geschlossene Einrichtungen gibt es in Hamburg nicht. Damit meine ich nicht Psychiatrien oder Gefängnisse, sondern Einrichtungen mit Erziehungscharakter, die sich zum Ziel gesetzt haben, die Jugendlichen zu sozialisieren und ihnen Halt zu geben und Werte zu vermitteln. Aus Mangel an Alternativen blieb dem inzwischen volljährigen Lukas nichts anderes übrig, als wieder bei seiner Mutter einzuziehen. Frau M. wiederum wollte von ihrem Sohn nichts mehr wissen, von mütterlicher Zuwendung keine Spur. Das Verhältnis war zerrüttet – also zog Lukas auf den Balkon.

Erneut versuchten wir zu vermitteln, sprachen Lukas immer wieder an, wenn wir ihm begegneten. Es war uns wichtig, ihm zuzuhören und auf den richtigen Weg zu bringen. Wir redeten und redeten, stets das Gleiche in Dauerschleife. Aber das Verhältnis zwischen Mutter und Sohn konnten wir nicht mehr kitten, sie brachen den Kontakt ab. Das ist etwas, was wir uns nie wünschen, aber es passiert allzu oft. Immerhin ist Lukas nicht weiter durch Straftaten aufgefallen. Wo er inzwischen lebt, weiß ich nicht.

Familiengeschichten wie diese berühren mich sehr. Denn keiner der Beteiligten ist dabei glücklich.

Was versteht man eigentlich unter Jugendkriminalität? Jeder hat, würde man seine Umgebung fragen, eigene Vorstellungen von diesem Begriff. Die einen denken an den Handtaschenklau bei älteren Damen, die anderen an randalierende Jugendliche, an Mai-Krawalle. Und wieder andere sehen noch schwerere Delikte vor sich: bewaffnete Überfälle, Vergewaltigungen, Messerstechereien. In der Realität ist es so: Ich habe mit all diesen Delikten zu tun, und gerade die besonders brutalen sorgen für ein immenses Medienecho. Kein Wunder, dass bei vielen Bürgern die Gedanken entstehen, die schon der griechische Philosoph Sokrates hatte: «Die

Jugend von heute liebt den Luxus, hat schlechte Manieren und verachtet die Autorität. Sie widersprechen ihren Eltern, legen die Beine übereinander und tyrannisieren ihre Lehrer.»

Bei Kindern und Jugendlichen finden sich fast alle Gewalttaten, die es auch bei Erwachsenen gibt. Selbst Mord. Allein im Jahr 2023 haben zwei Fälle traurige Berühmtheit erlangt: In Wunstorf bei Hannover hat ein erst Vierzehnjähriger seinen gleichaltrigen Freund erstochen. Der Tat soll Mobbing in der Schule vorangegangen sein. Viel mehr ist nicht bekannt. Und in Freudenberg im Siegerland haben zwei Mädchen, zwölf und dreizehn, ihre zwölfjährige Klassenkameradin in einen Hinterhalt gelockt und ebenfalls erstochen. Mutmaßliches Motiv war ein Streit auf TikTok. Taten wie diese Morde lassen sich nur schwer begreifen. Es ist deshalb verständlich, dass reflexartig eine Herabsetzung der Strafmündigkeit gefordert wird.

In den USA hat es mit dem «Slenderman-Fall» 2014 eine vergleichbare Tat gegeben. Die damals zwölfjährige Morgan G. stach zusammen mit einem weiteren Mädchen auf eine gleichaltrige Freundin ein, insgesamt neunzehnmal. Als Grund gaben sie an, dass sie sich durch den Slenderman, eine fiktive düstere Figur aus dem Internet, zu der Bluttat und Messerattacke aufgefordert fühlten. Die beiden Mädchen wurden zwar aufgrund einer psychischen Erkrankung für schuldunfähig befunden, trotzdem aber zu fünfundzwanzig und vierzig Jahren Haft verurteilt, die sie in einer geschlossenen psychiatrischen Anstalt verbringen sollten.

Schnell wurden nach den Taten in Wunstorf und Freudenberg Rufe laut, hier ähnliche Gesetze zu erlassen, die drakonische Gefängnisstrafen für Jugendliche möglich machen.

Diesen Schritt halte ich jedoch für falsch. Aus meiner Sicht werden nicht weniger Straftaten bei unter Vierzehnjährigen erreicht, wenn wir ihnen mit Strafmündigkeit drohen. Der Gesetzgeber geht davon aus, dass Kinder in diesem Alter noch gar nicht einsehen können, wenn sie etwas Falsches tun, und dass sie ihr Verhalten auch nicht entsprechend steuern können. Diese Reife traut er erst Jugendlichen zu. Deshalb sind unter Vierzehnjährige schuldunfähig und strafunmündig. Sie können wegen einer begangenen Straftat nicht bestraft werden. Jugendliche unter Umständen schon, Vierzehn- bis Achtzehnjährige können mit dem Jugendstrafrecht belegt werden. Dieses sieht weniger harte Freiheitsstrafen als für Erwachsene vor, da in unserem Rechtsverständnis davon ausgegangen wird, dass es besser ist, Kinder und Jugendliche zu resozialisieren, statt sie wegzusperren. Die Haftstrafe soll nur als letztes Mittel greifen.

Die Kunst besteht für mich als Jugendschützer der Polizei darin, den jüngeren Kids klarzumachen, dass ihr Handeln im Moment zwar strafrechtlich folgenlos bleibt, es sich auf ihr späteres Leben jedoch negativ auswirken wird. Wer jetzt schon Scheiße baut, ebnet sich den Weg für eine kriminelle Karriere. Jetzt mag man vielleicht noch dem Knast entkommen, in ein paar Jahren aber wird die Person einsitzen. Ehrenwort.

Generell kann ich sagen: Wer mit mir zu tun hat, hat meistens Straftaten begangen oder ist Opfer einer Straftat geworden. Es gibt verschiedene Kanäle, wie jugendliche Täter auf meinem Radar landen. Da ist zum einen das LKA, die Kriminalpolizei, um genau zu sein. Dort sitzen die Jugendsachbearbeiter, die eine Anzeige schreiben und die Akte für die Staatsanwaltschaft fertigstellen, wenn irgendwo eine Straftat vorgefallen ist. Ganz gleich, ob der Täter strafmündig ist oder nicht. Fällt das Delikt in den Bereich Jugendgewalt und hat in meinem Gebiet stattgefunden, werden wir vom Jugendschutz aktiv. Ähnliches gilt für Schulen, denn sie werden immer mehr zu Hotspots von Gewaltdelikten. Rivalitäten, Mobbing, Schlägereien, Sexting, also das Senden von pornografischen Bildern unter Schülern – all das findet auf und vor Schulhöfen statt. Nicht nur in Billstedt, sondern überall in Deutschland.

4

Mehr Akteneinträge als Lebensjahre

Schulen in Hamburg haben einen gewissen Toleranzbereich, was die Meldung von Straftaten angeht. Bei minderschweren Fällen, wie beispielsweise einer harmlosen Schulhofrangelei oder Beleidigungen im Unterricht, können sie abwägen, ob sie die Polizei hinzuziehen oder nicht. Wir bräuchten sonst eine eigene Einheit nur für Schulhöfe, wenn jeder Vorfall bei der Polizei gemeldet werden würde. Wiegt das Geschehen aber schwerer, werden wir auch hier aktiv. So wie vor einigen Monaten an einer Grundschule.

Ein Viertklässler hatte eine Drittklässlerin auf die Schultoilette gelockt und sie zum Oralsex gezwungen. Seine Kumpel standen draußen Schmiere. Viertklässler. Keine zehn Jahre alt. Warum machen Kinder so etwas? Um das herauszufinden, suchte ich den Jungen zum Norm- und Hilfegespräch zu Hause auf. Ganz normales Elternhaus. Vater, Mutter, Geschwister. Keine Einträge im ComVor-Index, dem internen digitalen Register, in dem zum Beispiel Straftaten erfasst und archiviert werden.

Was ich gleich herausfand: Der Junge hatte seit der ersten Klasse ein Smartphone, wie fast alle Kinder in meinem Bezirk. Ich scrollte mich also mit dem Einverständnis der Eltern durch sein Handy und stieß ziemlich schnell auf Bilder und Videos aus Hardcore-Pornofilmen. Sein Browserverlauf war voller Porno-Streaming-Seiten. Die Eltern hatten ihrem Sohn keine Alterssperre eingerichtet. Ein Klick – und er hatte freien Zugang zu allen erdenklichen Inhalten. Einmal gesehen, brennen sich solche Bilder oder Videos in die Köpfe der Jugendlichen ein, konfrontieren sie mit Gewalt, Hass und Demütigungen und vermitteln ihnen im Falle der Pornos ein falsches, nicht altersgemäßes und / oder sogar gewalttätiges Bild von Sexualität. Wer diese Bilder und Videos an Mitschüler weiterleitet, macht sich ebenfalls zum Täter.

Ein Neunjähriger wird das Gesehene jedenfalls kaum verarbeiten können, doch solche Filme kursieren heute auf Schulhöfen wie früher Panini-Sticker.

Dass der Junge, mit dem wir jetzt das Gespräch führten, ein schwer traumatisiertes Opfer zurückließ, daran hatte er keine Sekunde gedacht. Er hatte das nachgemacht, was er in den vielen Pornos im Netz gesehen hatte; er schämte sich und entschuldigte sich bei dem Mädchen.

Die Eltern waren geschockt, sie hatten ihrem Sohn so etwas nie zugetraut. Dabei müssten sie mit sich selbst kritisch ins Gericht gehen: Warum haben sie nichts dagegen getan, dass ihr Kind per Smartphone unbeschränkten Zugriff auf pornografische Inhalte hatte? Die Antwort ist banal. Es hat sie nicht interessiert, was ihr Sohn treibt. Erst als sie mit der Realität konfrontiert wurden, reagierten sie und nahmen ihm das Handy weg.

Die Gleichgültigkeit – oder Naivität? – der Eltern erschreckte mich auch hier, nicht anders als bei Lukas. In den sozialen Medien tummeln sich viele Kinder und Jugendliche; eigentlich erfordert ihre Nutzung ein Mindestalter von dreizehn Jahren. Die empfohlene Altersgrenze wird bei den Kids, mit denen wir es zu tun haben, in der Regel nicht eingehalten, und über die Gefahren und Nutzen von Social Media spricht auch keiner mit ihnen. Gerade für sie ist es schwierig, die Konsequenzen einzuschätzen. Und was wäre passiert, wenn wir nicht eingeschritten wären? Das LKA hätte die Ermittlungen eingestellt, denn der Täter ist mit seinen neun Jahren nicht strafmündig. Wir kennen den Jungen jetzt. Wir haben die Tat dokumentiert und den Bericht ans Jugendamt geschickt. Sollte er wieder mit ähnlichen Delikten auffällig werden, können wir eingreifen, an unseren letzten Besuch anknüpfen und ihn hoffentlich davor bewahren, abermals straffällig zu werden.

Als Jugendschutz der Polizei haben wir dafür verschiedene Werkzeuge. Da gibt es die Gefährderansprache. Die ist knapp und kompromisslos und richtet sich an Täter. Denn wenn wir zur Gefährderansprache ausrücken, ist meistens Gefahr im Verzug. Das heißt, ein

Täter hat einem Opfer Gewalt angetan, und die Gefahr ist groß, dass es bald wieder passiert. Vor einiger Zeit musste ich zu einer Gefährderansprache in die Sonnenlandsiedlung ausrücken, nachdem ein Fünfzehnjähriger zum wiederholten Mal seine Freundin auf offener Straße ins Gesicht geschlagen hatte. Sie flüchtete dann zu ihrer Mutter. «Wenn du Schluss machst, mach ich dich fertig, keine Gnade», schrieb er ihr hinterher per WhatsApp. Eine klare Drohung.

Wir kennen den Jungen. Er ist in der Vergangenheit durch ähnliche Delikte aufgefallen. Der Beamte von der Kripo hatte uns unverzüglich über diese Nachrichten informiert, nachdem die Mutter des Mädchens sich an die Polizei wandte. Wir fuhren zu dem Jungen nach Hause und gingen nach dem üblichen Muster vor, indem wir uns in L-Form vor die Haustür des Gefährders stellten. Einer frontal zur Tür, einer seitlich. Das ist in einer solchen Situation notwendig, denn wir wissen nie, wie der Typ drauf ist, der uns gleich öffnet, und ob er uns gefährlich werden kann. Auch aus Eigensicherungsgründen prüfen wir im Vorfeld einer Gefährderansprache, ob die betreffende Person bereits Vorstrafen hat. Wenn sie öffnet, haben wir das Überraschungsmoment auf unserer Seite.

Bei dem Fünfzehnjährigen, der seine Freundin verprügelt hat, lief es in etwa so ab:

«Mollenhauer vom Jugendschutz der Polizei. Du kennst mich noch, oder?»

«Ja.»

«Ich find's sehr schade, dass ich noch mal wiederkommen muss.»

«Warum?»

«Gegen dich besteht erneut eine Anzeige wegen Körperverletzung. In diesem Fall gefährlicher Körperverletzung.»

«Ich hab doch gar nichts gemacht.»

«Sophia hat Anzeige erstattet, und das ist auch richtig so. Die Kollegen sind bei ihr. Ich bin mir nicht sicher, ob deine Freundin nicht noch ins Krankenhaus muss. Ich möchte, dass du einfach nur verstehst: Lass sie zufrieden! Das haben wir dir schon ein paarmal gesagt.»

«Ich weiß nicht, was sie hat, ich hab doch gar nichts gemacht», wiederholte der Fünfzehnjährige.

«Kein Handy, kein persönlicher Kontakt, gar nichts! Klar? Sie hat schlimme Verletzungen. Die sind dokumentiert. Die Kollegen nehmen das gerade auf. Wenn du in einem laufenden Verfahren in irgendeiner Form auf die Geschädigte einwirkst, dann kann das Verdunklungsgefahr bedeuten. Und dann gehst du in den Bau. Das ist ein Haftgrund. Dann kommen wir mit zehn Mann und treten hier die Tür ein. Deshalb ab jetzt keinen Kontakt mehr, okay? Weder übers Handy noch persönlich. Gar nichts. Wir stehen hier sonst wieder auf der Matte. Aber in anderer Besetzung. Klar?»

«Ja, okay», antwortete er fast teilnahmslos.

Damit war unser Auftrag beendet. Wir hatten dem

Gefährder einen Schuss vor den Bug verpasst. Da der junge Mann bereits vorbelastet war, mussten wir ihm drastisch vor Augen führen, dass es für ihn richtig ungemütlich werden könnte, sollte er wieder handgreiflich werden. Und das ist auch das Ziel einer solchen Ansprache. Es geht hier nicht um Dialog und Diskussion, es ist eine klare Ansage an den Täter, nicht wieder straffällig zu werden, da er sonst mit erheblichen Konsequenzen zu rechnen hat. Diese Ansprachen finden zu 90 Prozent an der Wohnungstür statt. Wir dürfen nicht einfach in die Wohnung marschieren, und freiwillig bitten uns die wenigsten für ein solches Gespräch herein. Es gibt aber auch Eltern, die fallen aus allen Wolken, wenn wir vor der Tür aufkreuzen. Die winken uns meist schnell hinein, die Nachbarn sollen nichts mitbekommen. Spätestens nach zehn Minuten ist Schluss. Länger dauert die Gefährderansprache nicht. Das Ziel ist Deeskalation, ein Kind oder Jugendlicher soll nicht durch weiteres Fehlverhalten einen Haftgrund liefern. Die Eltern wollen das in der Regel auch nicht. Deshalb wird uns auch nie die Tür vor der Nase zugeschlagen.

Steht mir ein Achtjähriger gegenüber, der noch weit davon entfernt ist, strafmündig zu sein, belehre ich seine Eltern darüber, dass Kinder ab sieben Jahren schadensersatzpflichtig sind. Hat also ein Achtjähriger eine Körperverletzung begangen, kann ihn das Opfer auf Schmerzensgeld verklagen und einen Titel gegen ihn erwirken, das heißt, er kann dreißig Jahre lang die Forderung eintreiben. Das will keiner, auch nicht die Eltern. Meistens zieht dieser Hinweis bei jüngeren Tätern. So war es auch im Fall eines Zweitklässlers, der auf dem Schulhof während der Pause Opfer einer Gewalttat geworden ist. Er saß auf einer Nestschaukel – das sind Schaukeln, bei denen die Sitzfläche aus einem großen Teller oder einem Netz besteht. Plötzlich kamen drei Drittklässler zu ihm, die auf diese Schaukel wollten. Als der Junge sich weigerte, haben sie ihn gemeinsam von der Schaukel gezogen, genau in dem Moment, als sie am höchsten Punkt schwang. Der Junge landete kopfüber auf dem Sandboden. Er hatte eine Gehirnerschütterung und musste mit einem Krankenwagen in die Klinik gebracht werden. Beim Sturz war auch seine Brille kaputtgegangen.

Nach dem Vorfall besuchten wir die Täter zu Hause und machten ihnen klar, dass der Junge Anspruch auf Schmerzensgeld hat und sie auch schon mit neun Jahren schadensersatzpflichtig seien. Das zeigte Wirkung. Die Jungen bzw. deren Eltern bezahlten dem Geschädigten eine neue Brille, und die Eltern des Verletzten sahen von einer weiteren Schadensersatzforderung ab.

Beim Norm- und Hilfegespräch (NuHG), das ich schon mehrfach erwähnte, gehen wir anders vor. NuHGs sind einer der wichtigsten Bestandteile unserer Arbeit. Dabei besuchen wir Familien, die über unser Kommen informiert und mit ihm einverstanden sind. Es sind Gespräche auf Augenhöhe, bei denen wir als Freund und Helfer auftreten und nicht als repressives Staatsorgan. Normgespräche führen wir mit Tätern, Hilfegespräche mit Opfern, und zwar immer dann, wenn ein Kind oder Jugendlicher gerade Opfer oder Täter geworden ist. So wie der neunjährige Felix aus Lohbrügge. Er wurde beim Fußball auf dem Schulhof von einem Mitschüler zuerst gefoult, und als er schon am Boden lag, auch noch in den Rücken gebissen. Felix, seitdem traumatisiert, vertraute sich seiner Mutter an, die Anzeige gegen den Beißer erstattete.

Oder Kilian. Er zog seinem Mitschüler das Handy ab, und als er es im Pfandhaus zu Geld machen wollte, flog er auf. Die Kripo meldete sich bei uns mit der Bitte, die Familie zu kontaktieren, was wir taten. Auf das Hilfegespräch mit Kilians Opfer möchte ich später ausführlicher eingehen. Hier geht es zunächst um den Täter, um Kilian. Er ist zwölf Jahre alt und wohnt in Billstedt in einem riesigen Hochhaus. Bestimmt vierzehn Stockwerke hoch. An klaren Tagen kann man von oben bis zur Alster schauen, dann hat man den Wohlstand in Sichtweite, während die meisten Bewohner des Hauses wohl eher am Existenzminimum kratzen.

In diesem Haus wohnt Kilian mit seiner Mutter. Man muss auf der großen Klingeltafel lange suchen, bis man seinen Nachnamen findet. Kilian ist seit Längerem auffällig, er glänzt durch Schuleschwänzen und mobbt Mitschüler. Jetzt droht auch noch Ärger durch den Verkauf des iPhones im Pfandhaus.

Die Mutter ist mit unserem Kommen einverstanden. Wir lassen uns kurz das Kinderzimmer des Jungen zeigen und nehmen danach im Wohnzimmer Platz. Da ich sehe, dass Kilians Mutter in Socken herumläuft, ziehe ich meine Schuhe aus. Das hält nicht jeder meiner Kollegen so. Ich bin aber davon überzeugt, dass solche subtilen Gesten Vertrauen schaffen. Bietet man mir ein Getränk an, sage ich selten Nein. Eigentlich nur dann, wenn ich große hygienische Bedenken habe. Kleine Snacks nehme ich gerne. Besonders in türkischen oder libanesischen Familien spielt die Gastfreundschaft eine sehr große Rolle. Dann wird aufgetischt, was die Küche hergibt. Einmal ist mir meine Liebe zum Essen fast zum Verhängnis geworden. Ich saß zu Hause bei einer arabischstämmigen Familie, und vor mir standen Schälchen mit Nüssen, Kernen, Oliven und so weiter. Ich entschied mich für die Sonnenblumenkerne. Was ich damals nicht wusste: Man muss die Hülle nach dem Kauen ausspucken. Und so wurde nach jedem Kern die Masse in meinem Mund mehr und mehr, bis ich schließlich mit Hamsterbacken das Gespräch führen musste. Das passiert mir nicht wieder.

Aber zurück zu Kilian. Norm- und Hilfegespräche führen wir immer zu zweit. Beim Hereinkommen entscheide ich, wie wir vorgehen. Ist der Täter unter dreizehn, lasse ich mir von ihm Stift und Papier bringen, wobei ich ihm ins Kinderzimmer folge, wodurch ich wie bei Lukas einen ersten Eindruck von seiner Umgebung erhalte. Aber ich erfasse nicht nur PlayStation, Fernseher, Matratze oder sonstige Möbel, sondern auch die weniger offensichtlichen Merkmale. Hat der Junge oder das Mädchen eine Federtasche? Stifte? Herrscht im Schulrucksack totales Chaos? All das sind kleine Bausteine, die mir Aufschluss über das Kind geben. Sind Stift und Papier beisammen, setzen wir uns in einen neutralen Raum, meistens ins Wohnzimmer. Es geht darum, eine Atmosphäre zu schaffen, in der ich Vertrauen aufbauen kann. So auch bei Kilian.

«Du musst nicht mit uns sprechen, du musst dich nicht selbst belasten und kannst einen Anwalt hinzuziehen», sage ich. «Aber es ist natürlich klasse, wenn man über seine Fehler sprechen kann. Kein Mensch ist frei von Fehlern, ich auch nicht. Ich habe früher viel Mist gebaut. Zum Beispiel wurde ich einmal von einer Klassenreise nach Hause geschickt, weil ich geklaut habe. Das war mir unfassbar peinlich. Durch die Gespräche, die ich dann mit Vertrauten geführt habe, habe ich mich aber besser gefühlt.»

Ich erzähle von mir selbst, so baue ich Barrieren ab. Denn wenn die Jugendlichen merken, dass ich mich nicht nur als Polizist, sondern auch als Mensch für sie interessiere, gelingt mir ein Gespräch auf Augenhöhe. Ich vermeide es, beim NuHG gleich zu Anfang über die Tat zu sprechen. Doch Kilian weiß, warum wir da sind und was er getan hat. Ich taste mich eher vorsichtig an das Geschehene heran.

«Wie fühlst du dich?», frage ich.

«Gut.»

«Möchtest du mit mir über die Sache mit dem Handy sprechen?»

Kilian zuckt mit den Schultern. Viele Jugendliche äußern sich zunächst nicht, da ihnen die Tat unangenehm ist.

«Ich möchte dir etwas zeigen. Wir alle haben wahnsinnig viele Gefühle in uns. Wut, Freude oder Trauer. Gefühle kann man erkennen. Besonders Wut. Ich vergleiche sie mit einem Feuer im Bauch. Das habe ich bei den Chickasaws gelernt. Das ist ein indigener Stamm in Amerika. Denn ich hatte früher auch sehr viel Wut in mir.»

Ich erzähle die Geschichte mit den Indigenen fast jedes Mal. Ich möchte die Kinder damit aber nicht einfach beeindrucken, denn die Zeit bei den Chickasaws war für meine berufliche Laufbahn bei der Polizei tatsächlich prägend. Und das Norm- und Hilfegespräch, so wie ich es führe, hat seinen Ursprung in einer Begegnung, die ich im Reservat gemacht habe.

Marshall B. Rosenberg – der Mann, der mich prägte

Als Neunzehnjähriger wohnte ich mehrere Monate in einem Reservat der Chickasaws, in der Nähe von Memphis, Tennessee. Die jugendlichen Indigenen hatten damals, in den Achtzigerjahren, immer noch mit Diskriminierung zu kämpfen. Die Wut gegen den Staat war groß. Immer wieder kam es zu Konflikten zwischen Polizei und jugendlichen Indigenen. Eines Tages kam Marshall B. Rosenberg, ein US-amerikanischer Psychologe, ins Chickasaw Community Center, um einen Vortrag zu halten. Rosenberg ist der Begründer der Gewaltfreien Kommunikation, eines Konzepts, das bei einem Konflikt eine Lösung anstrebt, ohne dass es am Ende Verlierer geben sollte. Er war davon überzeugt, dass es in unserer Hand liegt, ein Geschehen positiv zu beeinflussen, je nachdem, wie wir mit unserem Gegenüber kommunizieren.

Das Interesse an seinem Besuch war entsprechend groß, auch ich war neugierig. Das Community Center war bis auf den letzten Stuhl besetzt. Rosenberg war damals Ende vierzig. Er betrat den Raum, ein hochgewachsener, schlanker Mann mit einer großen Ausstrahlung. Ich kann gar nicht genau sagen, was es war, aber Rosenberg war einer dieser Menschen, die eine besondere Aura umgibt. Als er zu reden anfing, war sofort eine Veränderung im Community Center zu spüren. Alle waren vollkommen still, die Indigenen hörten ihm gebannt zu. Diese Menschen, vertrieben von Weißen aus ihrer eigenen Heimat, hörten sich nun an, was dieser weiße Mann zu sagen hatte. Es lag wohl an seiner sehr warmen und herzlichen Art, dass jeder Einzelne sich angesprochen fühlte, obwohl bestimmt 300 Menschen im Saal saßen. Rosenberg war dafür bekannt, dass er sich für Gleichberechtigung zwischen Indigenen und US-Amerikanern einsetzte.

An diesem einen Tag vermittelte er mir das, was heute im Jugendschutz zu meinem Alltag gehört: Gewaltfreie Kommunikation. Reden und zuhören. Ernsthaft zuhören. Ehrlich mitteilen. In dem Modell von Rosenberg geht es zunächst darum, genau zu erfassen, was wirklich passiert ist: Was habe ich gesehen? Was habe ich gehört? Dann zu forschen: Welche Gefühle sind damit verbunden? Worauf weisen sie hin? Welches Bedürfnis wird dadurch berührt? Und dann soll weiter erkundet werden: Was würde mir jetzt guttun? Um was kann ich mich oder andere bitten?

Direkt sprach Rosenberg die jugendlichen Indigenen an. Er kannte ihre Einstellung gegenüber der Polizei. Und ich kannte sie auch. «Mit der Polizei reden wir nicht. Das hat keinen Zweck», waren ihre Worte, nachdem wir einmal gemeinsam vor ihnen geflohen sind – dazu später mehr. Rosenberg hatte jedoch eine andere Perspektive. Er nahm die Worte der Jugendlichen auf und trat dafür ein, sich mit der Polizei zu verständigen, sich auszutauschen, sodass weitere Eskalationen verhindert werden. Seine Form der Kommunikation war außergewöhnlich. Er arbeitete mit Empathie und Verständnis. Es ging ihm nicht darum, den anderen, also den «Gegner», den Staat, zu beleidigen oder abzuwerten, sondern über beide Parteien in dem Konflikt sprach er positiv, er lobte und motivierte. Er tat das, was zwischen Indigenen und Staatsmacht nicht möglich zu sein schien.

Um sein Anliegen zu verdeutlichen, hatte er Handpuppen dabei, einen Wolf und eine Giraffe. Mit diesen beiden Tierpuppen spielte er Rollenspiele. Rosenberg dichtete ihnen fiktive Streitdialoge an und brachte sie wieder zusammen, zeigte, wie Auseinanderzugehen und Versöhnung aussehen konnte. Es war ein bisschen skurril, aber mich hatte er damit gepackt. Ich habe an diesem Tag gelernt, wie wertvoll empathische Sprache sein kann.

Rosenberg sagte dann einen Satz, der mir bis heute im Gedächtnis geblieben ist: «Die Schönheit in einem Menschen zu sehen, ist dann am nötigsten, wenn er auf eine Weise kommuniziert, die es am schwierigsten macht, sie wahrzunehmen.»

Ich erkannte, dass ich davonlief. Dass ich eine Wut im Bauch hatte, die mich hemmte, meine eigene Geschichte zu akzeptieren. Zu akzeptieren, dass Herr Mollenhauer nicht mein Vater ist, dass meine Mutter mir meinen leiblichen Vater jahrelang vorenthalten hatte und dass meine Suche nach Anerkennung, die Gang, der ich mich anschloss, die vielen Frauen in meinem Leben – dass all das ein Ausdruck verletzter Gefühle war. Ein Ventil. Ich musste aufhören, meinen Frust mit der Vergangenheit zu schieben, stattdessen schien es wesentlich sinnvoller zu sein, mich auf die Gegenwart zu konzentrieren und zu lernen zu vergeben. Und ich begriff, dass ich großen Einfluss darauf habe, wie sich mein Gegenüber verhält. Ich musste nur die richtige Ansprache wählen.

Zugleich spürte ich nach diesen Stunden mit Rosenberg, dass ich weiterziehen musste. Dass meine Zeit bei den Chickasaws lehrreich gewesen war, ich aber nun gehen sollte. Ich sah den richtigen Moment gekommen, um meinem Leben eine gute Wendung zu geben. Ich reiste noch einige Wochen durch die Südstaaten, dabei reifte in mir ein Entschluss: Ich wollte zur guten Gang. Ich wollte Polizist werden. Ein echter Cop. Mit Fliegerbrille, Schnäuzer und Hut mit breiter Krempe – so stellte ich es mir vor.

Bei der nächstbesten Polizeiwache hielt ich an, trat an den Tresen und sagte auf Englisch: «Mein Name ist Jens Mollenhauer, ich möchte Polizist werden und mich hier bewerben. Was muss ich dafür tun?» Der junge Polizeibeamte, der mir gegenübersaß, schaute mich ungläubig an. «Ich hole mal kurz meinen Chef», sagte er und ging nach hinten. Keine dreißig Sekunden später kam er mit einem groß gewachsenen Mann mit breitem Kiefer und sonnengegerbter Haut zurück.

«Kommen Sie», sagte er und lächelte mich an, und ich folgte ihm in sein Büro. «Wo stammen Sie her?», fragte er mich noch im Gehen.

«Aus Deutschland», antwortete ich.

«Wo genau dort?»

«Aus Hamburg.»

«Großartig. Meine Familie kommt auch aus Deutschland, wir sind nach Amerika ausgewandert.»

Genial, dann steht meinem Berufswunsch wohl nichts mehr im Wege, dachte ich etwas naiv.

«Wie lange bist du denn schon hier?», fragte er weiter.

«Weiß nicht, vielleicht vier Monate.»

«Vier Monate? Zeig mir mal deinen Reisepass.» Er blätterte mehrere Minuten in meinem Pass. Dann sah er mich lange an, ohne ein Wort zu sagen. Schließlich meinte er: «Dein Visum ist abgelaufen. Du musst mitkommen.»

Ich folgte ihm über eine schmale Treppe ins Untergeschoss der Wache. Dort angekommen, betraten wir einen länglichen Gang. Links und rechts konnte ich Gefängniszellen entdecken. Kleine für einzelne Häftlinge und Gruppenzellen für bis zu zehn Personen. Vor einer solchen blieb er plötzlich stehen, schloss sie auf, sah mich ernst an und sagte: «Du bist illegal hier. Wir müssen dich leider in Abschiebehaft nehmen. Sobald wir eine Lösung für dich gefunden haben, darfst du wieder raus.» Er sah noch meinen entsetzten Blick, als er die Zelle abschloss und in den Katakomben verschwand. Mein Kopf hämmerte, meine Gedanken kreisten. Dann schaute ich mich um und sah fünf Augenpaare, die auf mich gerichtet waren. Fünf mexikanische Männer standen mir gegenüber.

Um mich vor ihren Blicken zu schützen und keinen Streit zu provozieren, setzte ich mich in die äußerste Ecke der Zelle. Keine zwei Minuten später waren erneut Schritte auf dem Gang zu hören. Es war der Sheriff. Er hielt vor meiner Zelle, drehte den Schlüssel um, öffnete die Tür und sagte: «War nur Spaß. Jetzt weißt du, wie es ist, illegal hier zu sein.»

Unendlich erleichtert, nicht in dieser Zelle bleiben zu müssen, folgte ich dem Hünen in sein Büro. «Das mit dem Wegsperren war ein Scherz. Aber du kannst nicht hierbleiben. Du musst sofort das Land verlassen.»

«Ich habe kein Geld, ich kann mir keinen Flug leisten», gab ich zurück.

«Ich leihe dir das Geld für den Rückflug. Du kannst es mir zurückschicken, wenn du in Deutschland bist. Ich weiß ja, wo du wohnst. Wenn du nicht zahlst, schicke ich dir meine Familie vorbei», sagte er und lachte. «Nein, gib es mir einfach zurück, wenn du wieder zu Geld gekommen bist. Spätestens dann, wenn du anfängst, bei der deutschen Polizei zu arbeiten.»

Ich versprach es ihm, nahm das Geld, das er von seiner Bank abhob, und setzte mich in den nächsten Flieger nach Deutschland. Keine Woche später hatte die Hamburger Polizei meine Bewerbungsunterlagen auf dem Tisch.

Die Zeit in den USA war eine verhältnismäßig kurze Episode in meinem Leben, aber eine sehr eindrückliche. Marshall B. Rosenberg trägt daran einen großen Anteil. Mit seiner Auffassung einer Gewaltfreien Kommunikation wurde er später weltweit bekannt. Sein Handeln und seine Ideen wirken bis heute nach, und ich zolle seiner Arbeit Tribut, indem ich sein Kommunikationsmodell anwende, in Schulen, aber auch, wie bei Kilian, in Norm- und Hilfegesprächen.

«Kilian, du weißt jetzt, was Feuer im Bauch ist. Ich male dir das mal auf. Wie hoch ist dein Feuer, wenn du an die Situation denkst, über die du nicht sprechen möchtest?»

Ich male einen langen Strich auf das Blatt Papier. Oben und unten zwei kurze Querstriche, dazwischen etwa alle fünf Zentimeter ein weiterer Strich. Klingt irgendwie absurd. Da malen ein Polizist und ein Kind, das gerade eine schwere Straftat begangen hat. Doch es funktioniert. Es ist mein Weg, Zugang zu diesen Kids zu bekommen. Oft fällt es ihnen schwer zu reden, und mit Malen drücken sie aus, was sie sich nicht trauen, in Worte zu fassen.

«Das nenne ich Gewaltbarometer», sage ich und tippe auf meine Zeichnung. «Es zeigt an, wie stark deine Gefühle gerade sind. Das Feuer im Bauch. Es geht von null bis 100 Grad. Was denkst du, Kilian, wie heiß ist dein Feuer, das in dir brennt?»

Kilian macht ein Kreuz bei 70 Grad.

«Deine Mama hast du mit der Tat sehr verletzt und außerdem jemanden hinterlassen, der nun durch deine Tat Angst hat, in die Schule zu gehen. Was meinst du, wie hoch seine Angst auf dieser Skala ist?»

Kilian arbeitet jetzt mit. Ich merke, dass er versteht, was seine Tat bei dem Geschädigten und bei seiner Mutter ausgelöst hat. Er machte das Kreuz für ihn bei 80 Grad, danach schaut er zu Boden. Das zeigt mir, dass er ein schlechtes Gewissen hat. Vielleicht hat er es auch erst während des Gesprächs entwickelt. Wie auch immer, jedenfalls ist er ins Grübeln gekommen und scheint zu fühlen, was er dem anderen Jungen angetan hat. Es tut ihm offensichtlich leid.

«Hast du eigentlich ein Vorbild? Wen findest du cool? Mit wem redest du, wenn du Feuer im Bauch hast? Was ist mit deinem Vater?», frage ich weiter.

«Mein Vater ist weg. Kein Kontakt.»

«Mein Vater war auch weg, er starb, als ich vier Jahre alt war. Ich bin noch Jahre nach seinem Tod immer zum Friedhof gegangen und habe mit ihm ‹geredet›, wenn ich Probleme hatte. Aber noch mal gefragt, wen findest du cool?»

«187 Straßenbande, Ufo361, AK Ausserkontrolle.» Alles Gangster-Rapper.

«Einige Texte finde ich echt cool. Meine Söhne mögen die auch. Man muss aber immer gut zuhören, worüber die rappen. Kennst du die Texte?»

Kilian ziert sich kurz, fängt dann aber an zu rappen. Es geht in den Texten meistens um Frauen, Autos und Reichtum.

«Stark! Klingt richtig gut. Willst du das später mal beruflich machen?»

«Weiß nicht, vielleicht.»

«Fast alle Firmen achten aber darauf, dass du ein sauberes Führungszeugnis hast. Ab sieben trägst du die Verantwortung und musst für Schäden aufkommen. Dreißig Jahre hast du dann Stress, weil du so lange jemandem Geld geben muss, um die Schäden abzuzahlen. Ab vierzehn kannst du sogar ins Jugendgefängnis kommen, wenn ein Jugendrichter das so entscheidet.»

Kurz vor der Pubertät sind Jugendliche wie Kilian mit einem viel größeren Selbstvertrauen ausgestattet als jüngere Kinder. Sie geben Kontra, sie machen dicht, wenn sie nicht reden wollen, oder verlassen den Raum, wenn ihnen das Gespräch nicht passt. Hierbei hilft mir mein Standing als Polizist. Denn Kilian weiß, dass ich mit uniformierten Kollegen vor seiner Tür stehen werde, wenn er so weitermacht wie bisher. Auch das unterscheidet mich von einem Sozialarbeiter. Der

Tonfall kann ähnlich sein, denn ich wähle für NuHGs eine einfühlsame Ansprache. Doch bei aller Empathie und Augenhöhe mache ich klar, dass ich Polizist bin. Dass ich für den Staat arbeite und eine Strafverfolgungspflicht habe. Und das wirkt.

Mein Kollege Helge spricht in dieser Zeit mit Kilians Mutter. Er bindet sie so ins Gespräch ein, dass sie ihrem Sohn nicht in die Parade fahren kann. Helge separiert sie verbal.

Im nächsten Schritt mache ich mit Kilian ein freiwilliges Rollenspiel. Ich möchte ihn dadurch provozieren, um herausfinden, wie er sich in Stresssituationen verhält. Dazu bespreche ich mit ihm seine schauspielerische Rolle. Ist das geklärt, werde ich ausfallend und gehe auf ihn los. Dabei merke ich, wie schwer es ihm fällt, mich zu ignorieren.

«Kilian, ich komme jetzt noch einmal auf dich zu, dann streckst du die Hand nach vorn und sagst laut: ‹Stopp!›»

Das Wort kommt ihm nicht über die Lippen. Er hat Schwierigkeiten, das Spiel anzunehmen. Seine Lippen zittern leicht. Er schaut weg, fast so, als wäre ihm das Spiel unangenehm. Das beobachte ich häufig. Denn Jugendliche wie Kilian haben oft eine sehr niedrige Reizschwelle. Sie können einem drohenden Konflikt nicht aus dem Weg gehen oder es vermeiden, ihn gar nicht erst entstehen zu lassen. Ich versuche Kilian beizubringen, dass er aus der Situation rausmuss, bevor es zum

Streit kommt. Und wenn er das Gefühl hat, provoziert zu werden, soll er sich an einen Erwachsenen wenden, bevor er selbst gewalttätig wird.

Bis zu dreimal führen wir derartige Normgespräche. Danach ist Schluss. Wenn nach drei Normgesprächen keine Einsicht beim Täter stattfindet und er sich weiterhin auffällig zeigt, war's das mit Präventivarbeit. Sagt zumindest eine Leitlinie des Jugendschutzes. Unsere Arbeit ist aber dennoch nicht zu Ende. Denn diese uneinsichtigen Kids sind dann jene Kandidaten, die wir später auf der Straße wiedertreffen.

Kilian zeigt sich bei unserem Gespräch jedoch kooperativ. Ich händige der Mutter meine Visitenkarte aus und biete ihr und Kilian an, sich jederzeit bei mir telefonisch zu melden. Auch das ist eine präventive Maßnahme. Hilfe anzubieten, bevor erneut Konflikte entstehen. Wir empfehlen der Mutter zudem einen bekannten Jugendhilfe-Club im Viertel. Den Leiter kennen wir schon seit Jahren und sind persönlich im Austausch. Es wäre eine Möglichkeit für Kilian, Anschluss zu finden. Auch schulisch steht es nicht gut um ihn. Er hat bereits zwei Verwarnungen von der Schulleitung erhalten. Beim dritten Mal erhält er einen Verweis und fliegt von der Schule.

Über jedes Gespräch fertige ich einen Bericht an, der in die Akte des Jungen kommt und den wir anschließend an das Jugendamt weiterleiten. Darin halte ich fest, wie sich die Situation subjektiv zugetragen hat.

Auch wenn wir zu den Einzelfällen kein Feedback bekommen, wissen wir, dass unsere Berichte Grundlage für Entscheidungen sein können, wie mit den Jugendlichen weiter verfahren wird. In Kilians Fall kann ich Positives berichten. Er hat sich in dem von uns empfohlenen benachbarten Jugendclub angemeldet, seine Mutter erzählte mir das bei einem Anruf. Derzeit sei die Situation in der Schule stabil, sagte sie, und Kilian habe sich keine weiteren Vergehen zuschulden kommen lassen.

In solchen Momenten merke ich, wie wichtig es ist, unsere Kontaktdaten und meine persönliche Dienstnummer zu hinterlassen, zumal ich ab dem Zeitpunkt des NuH-Gesprächs direkter Ansprechpartner der Familien bin. Auch das ist außergewöhnlich für einen Polizisten und führt häufig, wie in Kilians Fall, zu einer positiven Entwicklung.

Er ist ein Beispiel dafür, wie eine positive Ansprache und Gewaltfreie Kommunikation Erfolg haben können. Das hat sicher auch mit Kilians Umfeld zu tun. Die Mutter war bereit mitzuarbeiten, und Kilian selbst hat sich nach anfänglichem Zögern dazu durchgerungen, sich auf unser Gespräch einzulassen. Das ist längst nicht immer so.

5

Abwesende Väter

Billbrook ist ein Stadtteil im Bezirk Hamburg-Mitte, das größte zusammenhängende Industriegebiet der Hansestadt. Die Vorzeichen für unsere Arbeit sind hier grundsätzlich desaströs, in Billbrook haben wir als Jugendschützer einen schweren Stand. Es fängt an der Eingangstür an. Nein, genau genommen schon davor. Die Wohnanlage in Billbrook ist wie eine Festung. Man betritt die rund acht o-förmig angeordneten rot geklinkerten Häuserblocks durch eine zentrale Toreinfahrt. Sie beheimaten rund 600 Familien in schwachen Einkommensverhältnissen, vorwiegend stammen sie aus Südosteuropa. An dieser Toreinfahrt treffen wir oft auf Angelo oder einen seiner Kollegen. Meist aber lungern sie zu mehreren am Eingang herum. Deshalb gibt es auch ständig Stress. Denn Angelo und seine Kumpel bedrohen regelmäßig andere Kinder aus der Siedlung. Sie lassen sich Schutzgeld von Gleichaltrigen zahlen, und wer Angelos illegalen Wegezoll nicht entrichten kann oder will, muss mit Prügel rechnen. Neulich habe ich ihn mit einem selbst gebauten Baseballschläger erwischt, mit dem er mal wieder für Angst und Schrecken sorgte.

Angelo ist der vierte Sohn der Familie K. Ein Zwölfjähriger mit rundem Gesicht, den wir regelmäßig zu Gefährderansprachen treffen. Auch heute steht eine auf unserem Plan. Diesmal hängt Angelo allerdings nicht am Tor rum, sodass wir zur Wohnung von Familie K. müssen. Sobald wir den Hof betreten, ist zu erkennen, dass hier etwas schiefläuft. Die Wege sind übersät mit Müll aller Art. Windeln, Essensreste, Styroporpackungen, aber auch Matratzen und Fahrradreifen. Fast jeder wirft hier seinen Müll aus dem Fenster.

Der Block, in dem Familie K. wohnt, liegt schräg gegenüber vom Toreingang. Wir wissen, wo wir klingeln müssen, zum Glück, denn Namen sucht man auf den Klingelschildern vergeblich. Hin und wieder entdecken wir einen handgekritzelten Zettel, der neben dem Klingelknopf klebt, doch darauf kann man nichts geben, die Familie könnte längst verzogen sein. Haben wir keine Ahnung, wo jemand wohnt, klingeln wir einfach überall. Irgendeiner wird schon aufmachen, denn man kann sich darauf verlassen, dass immer ein Nachbar zu Hause ist.

Durch die Gegensprechanlage der Familie K. dringt ein kaum vernehmbares: «Ja?»

«Mollenhauer vom Jugendschutz», erwidere ich. «Wir würden gern zu Angelo.» Wir hören ein Klicken, doch nichts passiert. Mehrere Sekunden verstreichen. Ich klingele noch mal. Wieder dieselbe eintönige Stimme am Lautsprecher. So als hätte unser erster

Kontakt nie stattgefunden. «Mollenhauer, wir sind von der Polizei, wir müssen zu Angelo.»

Quälende zehn Sekunden später surrt endlich die Tür. Wir können rein. Wer glaubt, dass er im Innenhof alles gesehen hat, was die Schattenseiten menschlicher Hygiene anbelangt, der erlebt im Treppenhaus seine Offenbarung. Ein penetranter Ammoniakgeruch schlägt mir als Erstes entgegen. Nach etwa zehn Schritten über klebriges Bohnerwachs ist auch klar, warum. Die Häuser verfügen im Treppenhaus über Müllschächte. Das sind kleine Luken, die auf jeder Zwischenetage an den Treppenhauswänden angebracht sind und den Bewohnern die Entsorgung ihres Unrats erleichtern sollen. Für viele Bewohner ist das offenbar nicht niedrigschwellig genug, sie stellen ihren Müll lieber direkt daneben. Und so siecht gerade im Sommer der ungetrennte Hausabfall vor sich hin und verwandelt das Treppenhaus in eine olfaktorische Apokalypse.

Die Tür zur Wohnung von Angelos Familie steht offen, leicht angelehnt. Angelos Mutter, die im schlabbrigen Einteiler an den Türspalt tritt, wirkt ungepflegt. Wortlos bittet sie uns herein. Der Wohnungsflur gibt ein ähnlich trostloses Bild ab. Von der einst weiß gestrichenen Raufasertapete ist nicht mehr viel übrig. An vielen Stellen ist sie abgeblättert, und die noch intakten Stellen weisen eine leichte Gelbfärbung auf, die mutmaßlich auf den Nikotinkonsum von Angelos Eltern zurückzuführen ist.

Kaum besser ist die Situation im Wohnzimmer. Das Laminat ist aufgequollen, die Fußleisten fehlen. Es gibt nur wenige Möbel. Eine alte Couch, ziemlich ranzig, dafür einen ziemlich großen Fernseher. Mindestens 60-Zoll-Bildschirmdiagonale, wenn ich schätzen müsste. Der mit Abstand modernste Gegenstand in der ganzen Wohnung. Davor eine Matratze ohne Überzug. Die Wohnung hat für die sechsköpfige Familie nicht genug Räume, deshalb wird kurzerhand im Wohnzimmer auf dem Fußboden geschlafen.

«Wo ist Angelo?», frage ich. Die Mutter zuckt mit den Schultern und deutet teilnahmslos in Richtung Türrahmen, eine Tür gibt es nämlich nicht. Dahinter verbirgt sich das Zimmer, in dem Angelo mit seinen Brüdern schläft. Ein Ort voller Leere. Und das nicht nur, weil Angelo nicht da ist. Hat seine Mutter wohl gar nicht mitbekommen. Die Wände sind mit Edding bekritzelt. Davor liegen mehrere Matratzen, das war's. Keine Bilder, kein Spielzeug, nichts. Es ist ein Ort, an dem ich nicht sein möchte. An dem ich keinem Kind wünsche, leben zu müssen.

Natürlich ist dieser Wohnkomplex ein Extrembeispiel, genauso wie die Wohnung von Familie K. Es ist ein Schmelztiegel, in dem Verwahrlosung in all ihren Auswüchsen deutlich wird. Aber wir begegnen ihr oft. Im Kleinen wie im Großen. Egal ob in der Sonnenlandsiedlung oder Mümmelmannsberg. Die Umgebungen ähneln sich. Siebter Stock, Dreizimmerwohnung, sechzig Quadratmeter. Sozialer Wohnungsbau, zweckmäßig ausgestattet. Nur nutzt sie nicht jeder Mieter zweckmäßig. Erstaunlicherweise schrecken die verdreckten Treppenhäuser nicht ab. Im Gegenteil. Viele Kinder und Jugendliche, mit denen ich zu tun habe, hängen hier regelmäßig herum. Eigentlich sind sie immer hier, wenn sie nicht gerade im Billstedt Center sind. Auf den Stufen im Treppenhaus surfen sie auf Instagram und TikTok, kiffen, essen Pizza, trinken Alkohol und schmeißen ihren Müll einfach zum Dreck, der dort schon liegt. Müll ist gesellig. Hier ist es warm, besonders im Winter, und sie sind außerhalb des Zugriffs ihrer Eltern. Es gibt für diese Jugendlichen keinen Raum, an dem sie sich aufhalten können, ohne konsumieren zu müssen. Bei McDonald's beispielsweise müssen sie sich etwas kaufen, um abhängen zu können, und laufen Gefahr, dass sie rausgeschmissen werden – denn Geld haben sie meist nicht.

Neben Armut und mangelnder Bildung gibt es viele Faktoren für die Situation der Menschen hier. Oft sind es Geflüchtete, die nicht integriert, sondern nur verwaltet werden. Es herrschen Hoffnungslosigkeit und Resignation. Bei denen, die seit ihrer Geburt hier leben, sind es häufig mangelnde Perspektiven, Langeweile oder schlicht Bocklosigkeit, etwas an ihrer Situation zu ändern – sie haben aufgegeben zu hoffen, dass sich in ihre Leben etwas zum Guten ändert.

Doch wer Verwahrlosung nur auf anonyme Waschbetonblocks reduziert, der greift zu kurz. Soziale Kälte erleben wir überall, nicht bloß in Billstedt oder Billbrook. Und karg eingerichtete Wohnungen sind keinesfalls nur ein Problem von armutsbetroffenen Menschen. Im benachbarten Stadtteil Bergedorf leben zum Beispiel überwiegend Menschen, denen es finanziell gut geht. Dort stinkt vielleicht nicht das Treppenhaus nach Ammoniak, aber Kinderzimmer ohne Spielzeuge, fehlende Empathie der Eltern sowie Jugendkriminalität erleben wir auch dort. Denn was diese Kinder eint, ist eine aus den Fugen geratene Familie, bei dem eine Person eine entscheidende Rolle spielt – der Vater. So wie bei Angelo. Er findet in seinem Leben nicht statt. Die Abwesenheit des Vaters ist bei «meinen» Jugendlichen häufig ein wichtiger Grund, warum ihr Leben alles andere als stromlinienförmig verläuft.

Die Rolle des Vaters

Ich arbeite an Schulen und halte dort Vorträge zum Umgang mit Gewalt unter Schülern und Schülerinnen und coache die Lehrer und Lehrerinnen in puncto Gewaltprävention. Immer wieder habe ich dabei erlebt, dass, bevor ich den Klassenraum betrete, gerade im Grundschulbereich die Kinder an meinen Beinen hängen. Mich umarmen. Weil sie sich nach einer Umarmung oder nach Zuwendung sehnen. Im Nachgang an den Unterricht erfahre ich häufig von den Lehrkräften, dass jene Kinder, die körperliche Nähe gesucht haben, keinen Papa zu Hause haben. Das mag nicht repräsentativ sein, aber meine Erfahrung nach über zehn Jahren im Jugendschutz hat gezeigt: Wesentlich mehr als die Hälfte der Väter sind nicht mehr Teil der Familie. Der Papa ist einfach nicht vorhanden. Natürlich machen viele Mütter einen guten Job und geben ihr Bestes. Das ändert aber nichts daran, dass die Vaterfigur schlicht und ergreifend fehlt.

Sehr oft habe ich erlebt, dass Mütter eine Hilfestellung brauchen, wenn es mit den Kids zunehmend problematisch wird. Bei Mädchen und Jungs gleichermaßen. Ein fehlender Vater trifft beide Geschlechter. Eine Freundin, Großmutter oder die Tante, die mal reinschneien, können zwar unterstützen, aber den Vater nicht einfach ersetzen. Wechselnde Lebenspartner, die schneller weg sind, als dass die Kids sich daran gewöhnen können, sind ebenso eine schlechte Besetzung. Doch wem können die Mütter sagen, dass sie überfordert oder gar hilflos sind? Das ist äußerst schwierig, weil viele sich nicht trauen, darüber zu sprechen, oder sich für ihre Überforderung schämen.

Einige Male habe ich eine junge Mutter und ihren vierzehnjährigen Sohn Louis für Norm- und Hilfegespräche aufgesucht. Der Junge war immer wieder durch Delikte wie Körperverletzung aufgefallen. Die Schule meldete die Fälle als Gewaltmeldung dem

LKA, und dann landeten sie auf unserem Tisch. Louis' Taten schienen auch mehr oder weniger plötzlich aufzutreten. Das bedeutet, dass wir uns auf eine Art Ursachenforschung begeben. In unseren gemeinsamen Gesprächen fand ich heraus, dass Louis unter der Trennung von Mutter und Vater litt. Und das, obwohl der Vater der Mutter und ihm selbst Gewalt angetan hatte. Für die Mutter war die Trennung von ihrem gewalttätigen Partner ein schwieriger Prozess. Nach mehreren Anläufen aber schaffte sie es, sich von ihm zu lösen. Danach fing Luis allerdings an, in der Schule ebenfalls durch Gewalttaten aufzufallen. Die Mutter war ratlos, wusste nicht, was sie tun sollte. Sie kam nicht mehr an ihren Jungen heran. Nachdem sie sich ihrem familiären Umfeld anvertraute, musste sie sich Vorwürfe gefallen lassen, dass sie ihren Mann mal lieber nicht rausgeschmissen hätte – auch wenn der mal zuschlug.

Kein Einzelfall. Gerade bei Familien mit traditionellem Rollenverständnis stellt die Trennung vom Familienoberhaupt, dem Mann, oft eine große Herausforderung für Frauen und Mütter dar. Tatsächlich ist bei den mir bekannten Fällen körperliche Gewalt der Mutter gegenüber ein häufiger Trennungsgrund, nicht selten in Verbindung mit Alkoholmissbrauch. Dieses kaputte Umfeld erleben die Kids von klein auf mit und sind durch den Vater geprägt, was körperliche Gewalt angeht, gucken sich dessen Verhalten ab. Schon im Vorschulalter werden sie auffällig durch Gewaltausbrüche in Spielgruppen, bei denen sie Gleichaltrige schlagen oder würgen. Deshalb muss Gewaltprävention im Kindergarten beginnen. Es geht darum, psychisch auffällige Kinder früh auszumachen, um ihnen rechtzeitig Auswege aus der Gewaltspirale aufzuzeigen.

Natürlich gibt es auch Väter, die in der Familie leben und eine aktive Rolle in der Betreuung und Erziehung ihrer Kinder spielen. Doch auch hier muss ich unterscheiden. Einige Väter erwarten von ihren Söhnen, dass sie sich buchstäblich durch den Dschungel des Lebens kämpfen. Da dürfen die Fäuste fliegen, das Schienbein oder der Ellenbogen eingesetzt werden, und selbst der Einsatz von Gegenständen zur Ausübung von Gewalt wird nicht verurteilt. Diese Väter geben dann die immer gleichen, baukastenähnlichen Sätze von sich wie: «Mein Kind darf sich wehren. Er darf sich hauen, er ist doch ein Junge.» Und der Evergreen, wenn etwas ausgefressen wurde: «Er hat nichts gemacht.» Letzteres klingt erst einmal nachvollziehbar. Schließlich wollen Eltern ihre Kinder beschützen. Aber das tun sie nicht, wenn sie die Augen vor den Gewalttaten ihrer eigenen Kinder verschließen, wenn sie vehement das zurückweisen, was wir wiederum beweisen können. Ich bin als Jugendschützer aber für Deeskalation zuständig, es geht mir nicht ums Gewinnenwollen. Das versuche ich den anwesenden Vätern auch zu erklären: Es geht mir nicht um Sieger oder Verlierer (ganz nach Rosenberg).

Manchmal erreiche ich die Väter, und durch sie auch die Kids. Dann können wir sie retten, vom falschen Weg abbringen. Die anderen haben leider das Potenzial, die Intensivtäter von morgen zu werden.

Außerdem haben wir es noch mit Wohlstandsverwahrlosung zu tun. Das klingt in sich widersprüchlich, aber sie findet statt. Mit ebenso unschönen verhaltensauffälligen Auswüchsen. Bei den Vätern der «Rich Kids», wie wir sie nennen, zählen einzig und allein Geld und Karriere. Aber was durch diese Einseitigkeit auf der Strecke bleibt, sind Eltern, die mit dem Kopf und dem Herzen bei ihren Kindern sind. Es fehlt an Zeit und Mitgefühl. In solchen Elternhäusern sind Eltern, verstärkt der Vater, kaum Rat- oder Tippgeber. Wird es zu anstrengend, landen die Kids im Internat. So wie mein damaliger Schulfreund David: Sein Vater saß im Vorstand eines Weltkonzerns und verfrachtete seinen Sohn ins Internat, als er ihm zu anstrengend wurde. Ich sah David nur noch in den Ferien.

Bei «Rich Kids» wird vieles mit Geld geregelt statt mit Zeit, Zärtlichkeit und Zuneigung. Im Umkehrschluss haben sie null Respekt vor Erwachsenen, sind oft arrogant und überheblich. Vielleicht, weil ihnen nie beigebracht wurde, dass man auch Menschen mit weniger Geld oder «einfachen» Berufen zu schätzen und zu respektieren hat.

Bei diesen Kids sind Drogen vielfach ein Thema, sie kiffen oder konsumieren Koks. Meine Kollegen vom

Jugendschutz West können ein Lied davon singen, der Westen von Hamburg ist geprägt durch Villenviertel. Ich kenne mich in dieser Gegend gut aus, da ich dort aufwuchs. In den letzten Jahren hat sich rund um den Bahnhof Blankenese ein neuer Treffpunkt für Jugendliche entwickelt. Seit er aufwendig saniert wurde, sind rundherum teure Miet- und Eigentumswohnungen entstanden. Im Erdgeschoss eines dieser Häuser befindet sich ein Supermarkt und gleich nebenan eine Einfahrt zur Tiefgarage. Davor ein kleiner Platz. Für Jugendliche ist das in den Abendstunden ein Treffpunkt zum Kiffen und Alkoholtrinken geworden. Sie reagieren oft genervt, wenn meine Kollegen kommen.

Vor Kurzem fanden wir dort wieder eine typische Situation vor: Drei Jungs und drei Mädchen stehen im Eingang der Tiefgarage, weil es gerade zu regnen angefangen hat. Als sie uns erblicken, räumen sie hastig die Dosen mit Mischgetränken zur Seite.

«Hallo zusammen. Polizei, Jugendschutz West. Darf ich fragen, wie alt ihr seid?»

«Achtzehn», antworten fast alle unisono.

«Dann zeigt mir mal eure Personalausweise.»

«Ich hab meinen nicht dabei.»

«Dann sag mir bitte deinen Namen und dein Geburtsdatum, wir machen eine Abfrage, ob deine Daten stimmen.»

«Warum werden wir hier überhaupt kontrolliert?», will eines der Mädchen wissen.

«Weil wir herausfinden wollen, ob ihr wirklich achtzehn seid. Rauchen und der Konsum von Schnaps ist erst mit achtzehn erlaubt.»

«Dürfen Sie das überhaupt?» Jetzt kommt ihre Freundin aus der Deckung und stellt unsere Maßnahme infrage.

«Ja, das dürfen wir. Wir sind von der Polizei. Und es geht auch nicht darum, euch zu bestrafen oder sonst was, sondern wir möchten nur wissen, ob ihr überhaupt alt genug seid, um Alkohol trinken und rauchen zu dürfen.»

«Sie können uns das eh nicht wegnehmen.» Jetzt schaltet sich einer der angeblich achtzehnjährigen Männer ein.

«Doch das können wir. Wenn ihr nicht achtzehn seid, ist es nicht erlaubt, Alkohol zu trinken», wiederhole ich.

Nach und nach rücken sie ihre Ausweise heraus. Keiner der Jugendlichen ist achtzehn. Vor mir stehen drei Fünfzehnjährige und drei Sechzehnjährige.

«Ihr seid ja gar nicht volljährig. Wo habt ihr das Zeug denn her?», frage ich.

«Muss ich Ihnen nicht sagen», entgegnet einer der Jungen. «Sie können uns hier auch nicht unberechtigt festhalten. Das dürfen Sie gar nicht.»

Jetzt wird es leidig. Ich muss aufpassen, dass ich mich bei derartigen Gesprächen nicht in einer Diskussion über geltendes Recht verliere. Denn das beanspruchen

«Rich Kids» gern für sich. Bei solchen Gruppen ist nicht selten einer der Väter Anwalt oder Richter. Das nutzen die Jugendlichen dann als Legitimation für ihre angebliche Rechtskunde. Ich kenne das und bleibe ruhig.

«Da ihr erst fünfzehn und sechzehn seid, werden wir jetzt eure Eltern anrufen und sie darüber informieren, dass ihr bei einer Kontrolle aufgefallen seid. Das hat für euch aber keinerlei rechtliche polizeiliche Konsequenzen. So, und nun der Erste von euch. Gib mir mal die Nummer deiner Eltern.»

Spätestens jetzt sind die Fronten verhärtet, und die Jugendlichen versuchen sich darin, Macht zu demonstrieren. «Sie verdienen doch eh schon so wenig. Haben Sie nichts Besseres zu tun, als ein paar junge Menschen hier davon abzuhalten, eine gute Zeit zu haben?», tönt es aus der Gruppe heraus.

Ich weiß, wie klischeehaft das klingt, aber genau so tragen sich diese Dialoge zu. Ich lasse mich jedoch nicht auf die Provokation ein. Wir haben bei diesen Kids viel mit Respektlosigkeit und langen Debatten zu tun. Das macht unsere Arbeit nicht gerade leichter. Denn am Ende des Tages sollen sie einfach keine Drogen nehmen. Und auch darauf müssen wir als Jugendschützer hinweisen und präventiv einwirken.

Während die Jugendlichen aus den wohlhabenderen Vierteln eher auf uns Polizisten herabschauen, geschieht es bei Jugendlichen aus ärmeren Vierteln gar nicht so selten, dass einige in uns männlichen Jugendschützern einen Vaterersatz sehen. Weil wir ehrlich miteinander reden, zuhören und da sind. Diese zugewandte Rolle kennen viele nicht von einem Mann. Einige Mütter luden mich schon zu Kaffee und Kuchen ein, selbst eindeutige Avancen wurden mir schon gemacht. Manchmal haben mich Mütter verzweifelt spätabends oder sogar nachts auf dem Diensthandy angerufen. Unsere Dienste gehen aber nur bis ein Uhr. Das bedeutet, dass ich die Anrufe erst am nächsten Morgen gesehen habe. Habe ich dann zurückzurufen, wurde ich häufig gefragt, wie sie mit einer bestimmten Situation umgehen sollen. Oder ob ich mal ein ernstes Wort mit ihren Söhnen oder Töchtern sprechen könne. Ihre Seelennot ist groß, oft herrscht pure Verzweiflung, aber ich kann nur im Rahmen von offiziellen polizeilichen Terminen Hilfestellung geben. Diese Grenze musste ich ziehen, alles andere würde meine persönlichen und professionellen Kapazitäten sprengen. Außerdem ist unsere Behörde mit rund fünfundvierzig Leuten für ganz Hamburg auch nicht auf mehr ausgerichtet. Sowieso wird unsere Präventionsarbeit bei der Polizei stiefmütterlich behandelt. Was ich sehr bedauere, denn wir können die sozialen Brände und Entgleisung der Jugendlichen nicht ausschließlich durch mehr Polizei-Präsenz und Repressionen löschen. Was wir bräuchten, wären mehr Beamte auf der Straße. Cops in Zivil, die nah an den Jugendlichen und ihren Eltern dran sind. Die deeskalieren können. Es ist viel schwieriger, jemanden anzugreifen, der gerade noch bei einem zu Hause im Wohnzimmer saß, als auf einen uniformierten Polizisten loszugehen. Die Uniform ist für die delinquente Jugend ein Feindbild.

So kann ich mich bei den Jugendlichen, die ich von der Straße kenne, immer wieder einbringen, das Gespräch suchen. In den späten Abendstunden bin ich zu den einschlägigen Hotspots unterwegs und bitte insbesondere die minderjährigen Mädchen, nach Hause zu gehen. Das tun sie dann auch oft, weil sich endlich mal jemand für sie interessiert oder ihnen das Gefühl gibt, sich Sorgen zu machen. Für einen kurzen Moment habe ich die symbolische Vaterrolle inne. Manche der Jungs kommen auch direkt zu mir, wenn sie mich sehen, und fragen mich nach Strafhöhen aus oder zeigen mir Amtsbriefe, die ich ihnen dann erkläre. Andere zeigen mir, wenn sie per WhatsApp Drohnachrichten erhalten haben oder sich «Beef», Streit unter den Kids, anbahnt. Mädchen wiederum berichten mir von dem Stress mit der Mutter oder mit den Freundinnen.

Durch diese wiederkehrenden Situationen, ob zu Hause oder auf der Straße, bin ich überzeugt – und wiederhole es auch gern immer wieder: Wenn es an elterlichen Vorbildern fehlt und die männliche Rolle, die Vaterrolle, nicht oder schlecht besetzt ist, haben wir es leider sehr oft mit problematischen Jugendlichen zu tun. Ein Vater muss sich kümmern, Interesse zeigen, zuhören und Grenzen setzen. Das mag für viele Elternpaare selbstverständlich und für viele Kinder Alltag sein. Für die meisten «meiner» Kids ist es das aber nicht. Sie sehnen sich danach. Ja, selbst Grenzen und Regeln kann man als Jugendlicher vermissen. Zumindest unbewusst. Ich weiß, wovon ich spreche.

Die «Onkel» in meiner Familie

Alles begann, als ich als Vierjähriger im Wohnzimmer spielte und das rote Wählscheibentelefon klingelte. Ein ziemlich lauter und schriller Ton war das, der mich voller Freude immer aufspringen ließ. Ich liebte es, als Kind den Hörer abzunehmen und zu sagen: «Hallo, hier ist Jens. Wer ist da bitte?» Meine Mutter erlaubte mir, ans Telefon zu gehen, denn die meisten, die anriefen, waren ja Freunde und Familie. Diesen einen Tag erinnere ich, als wäre er gestern gewesen. Eine ziemlich traurige Stimme fragte mich nach meiner Mutter. Was ich dann noch erinnere, ist, dass meine Mutter am Telefon zusammenbrach. Als sie sich wieder etwas gefangen hatte, sagte sie: «Dein Papa kommt nicht mehr nach Hause.» Ich verstand, dass es etwas Schlimmes bedeutete. Diese Erinnerung hat sich eingebrannt, und ich dachte: «Jetzt bin ich Papa-los.» Mein Vater, Herr Mollenhauer, war an einem Schlaganfall gestorben, wie ich später als Jugendlicher erfuhr. Mein bis dahin schönes Leben bekam einen ersten, einen heftigen Knacks. Leider war das aber erst der Anfang.

Ich war ein Mittelstandskind. Meine Eltern hatten Eigentum in einer der besten Gegenden in Hamburg. Im Westen der Stadt, in Blankenese, nördlich der Elbe mit seinem schönen Elbstrand. In Blankenese befindet sich das schicke Treppenviertel der oberen Zehntausend. Hier reihen sich Villen aneinander, wer hier lebt, dem geht es mehr als gut. Uns ging es gut, aber wir gehörten nicht zu den Reichen, nicht zu denen, die ein Segelboot in einem der Yachthäfen an der Elbe liegen haben. Das nicht. Aber bei uns war alles grundsolide, und meine ersten Lebensjahre verliefen bilderbuchmäßig, soweit ich das erinnern kann. Als Polizist habe ich mich einmal intensiv mit einer Kinder- und Jugendpsychologin über die Festigung der Persönlichkeit und Prägung von Kindern unterhalten. Sie erklärte mir: «Wenn ein Kind die ersten drei Lebensjahre elterliche Bindung, Liebe und Fürsorge erfährt, stehen die Chancen gut, dass es im späteren Leben empathiefähig und selbstsicher wird und sich als Persönlichkeit in der Welt gut zurechtfindet.» Sie sagte noch viel mehr, aber das war der Kerngedanke. Diese prägenden Abschnitte würden dann bis zum zwanzigsten Lebensjahr weitergehen. Aber die ersten Jahre seien am entscheidendsten. Heute kann ich das bestätigen, bei den Jugendlichen im Polizeialltag und bei mir selbst.

Der Tod meines Vaters krachte in meine Kinderseele wie ein Riesenkomet und hinterließ eine Menge Zerstörung. Die irgendwie keiner aufräumte. Wechselnde Lebenspartner meiner Mutter brachten in dieser Hinsicht auch keine Ordnung in mein Kinderleben, eher im Gegenteil. Da war zum Beispiel Onkel Günther. Ich besuchte inzwischen die Grundschule, und der neue Mann bei uns zu Hause wurde mir von meiner Mutter als «der nette Onkel» vorgestellt. Onkel Günther, kurz Günni, war aber wahrlich keine große Hilfe und von einem Ersatz-Papa Welten entfernt. Günni war eher schlicht gestrickt, hielt sich mit Gelegenheitsjobs über Wasser und hatte einen Hang zum Alkohol. Ich kann mich nicht erinnern, dass er jemals mit mir gespielt hat. Was er aber getan hat, war, mich als kleinen Jungen in die Eule zum Bierholen zu schicken. Die Eule war eine Kneipe, in die die einfachen Leute aus unserer guten Gegend einkehrten. Dort kannte man Günni und mich nach einer gewissen Zeit. Ob er zu faul war, um selber sein Bier zu holen, oder ob er seinen angeschriebenen Deckel nicht bezahlt hatte, das weiß ich nicht. Ich habe es als Kind auch nicht hinterfragt. Aber ein Kind in die Kneipe zu schicken, um Bier zu besorgen, ist auf jeden Fall erzieherisch nicht gerade wertvoll. So viel ist sicher.

Wieder zurück mit dem Gewünschten probierte ich auch von dem Bier. Günni drückte beide Augen zu, oder besser gesagt, es war ihm einfach egal. Aber ich bekam, was mir als Siebenjähriger fehlte. Aufmerksamkeit. So buhlte ich regelrecht darum, am Bier nippen zu dürfen. Um Aufmerksamkeit buhlen – das tun «meine» Kids heute mit ihren Taten im weitesten Sinne auch.

Meine Mutter hatte nur noch wenig Zeit für mich. Die Zeit, die sie noch neben ihrer Arbeit als Bürokauffrau hatte, widmete sie voll und ganz Onkel Günni und meinem Bruder. Der war Legastheniker. Und ich, ich wurde zunehmend auffälliger, fing in der Grundschule auf dem Pausenhof zu rauchen an. Mein Schulfreund David hatte die Kippen illegal besorgt. Obwohl ich es eklig fand und es stank, probierte ich es aus. Im Schulgebüsch trafen wir uns dann, um zu rauchen. Das ist nichts, was man bei einem Grundschulkind sehen will oder erwartet.

Irgendwann war Onkel Günni weg. Er kam einfach nicht mehr. Seine Schrankseite im Schlafzimmer war von heute auf morgen leer.

Wenig später stellte mir meine Mutter Onkel Reinhardt vor. Ein weiterer Versuch, mir einen Ersatz-Papa zu geben. Onkel Reinhardt hatte allerdings leider rechtspolitische Ansichten und war auch sonst kein Mann, den ich mir als Ziehvater gewünscht hätte. Er sah das damals anders. Ich muss elf Jahre alt gewesen sein, da wollte er, dass ich «hart» werde. Was er damit meinte, zeigte er mir, indem er mir beibringen wollte, wie man Tauben tötet. Er riss den armen Kreaturen vor meinen Augen den Kopf ab, und ich musste mit ansehen, wie sie danach noch halb tot weiterflatterten.

Ein anderes Mal wollte er mir beibringen, wie man Bäume fällt. Das ging gewaltig schief. Weil er sich mit einer dummen Bewegung an der Hand verletzte und mir das Sägeblatt fast in den Oberschenkel stieß. Kurzum, der Typ hatte nur mit Druck bei mir gearbeitet, und alles ging nach hinten los.

Ich war ein kleiner Junge, der seinem verstorbenen Vater hinterhertrauerte. Aber es sprach keiner mit mir. Ich hatte weder Onkel Günni noch seinen Nachfolger Onkel Reinhardt akzeptiert. Mir fehlte eine Vaterfigur, mit der ich reden oder zu der ich aufsehen konnte. Es war wie ein Schwelbrand, der jahrelang in mir glühte. So pilgerte ich zum Sülldorfer Friedhof – Sülldorf ist ein Stadtteil im Westen von Hamburg, der an Blankenese grenzt. Dort lag mein Vater, Herr Mollenhauer. Ein kleines gepflegtes Grab mit Grabstein und Gravur erinnerte an seine Existenz – oder an seinen Tod, wenn man so will. Als Achtjähriger bin ich dort bei Wind und Wetter hingegangen und hielt immer wieder Zwiegespräche mit ihm. Ich stellte meinem Vater Fragen, auf die ich selber keine sinnvollen Antworten fand. Bis zu meinem sechzehnten Lebensjahr besuchte ich regelmäßig das Grab meines vermeintlichen Vaters – bis der nächste, und wahrscheinlich auch der größte Bruch in meinem noch jungen Leben kam, die Aufdeckung der Lügen. Onkel Reinhardt war weiterhin an der Seite meiner Mutter, leider. Sie war mit sich selbst beschäftigt oder mit ihm. Und ich scherte immer mehr aus. Ziemlich identisch verhält es sich bei den Kids, die wir als Jugendschützer betreuen.

Papa-los

Meine Mutter, Onkel Reinhardt und ich zogen aus dem schicken Blankenese nach Schenefeld, da war ich elf Jahre alt. Mein Bruder war zu diesem Zeitpunkt bereits ausgezogen. In dieser Vorstadt von Hamburg, die zu Schleswig-Holstein gehört, ist die Bevölkerung eher gemischt, von gutbürgerlich bis arm. Die Gegend, in der unsere neue Wohnung lag, konnte man nicht gerade als gut bezeichnen. Ich blieb aber auf meiner alten Schule, einem Gymnasium in Blankenese, hatte nur einen etwas längeren Schulweg. Inzwischen war ich Mitglied einer kleinen Gang, den «Steps». 300 Stufen führten von unserer Schule hinab zum Elbufer, deshalb tauften wir uns «Steps». Immer wieder fiel ich durch kleinere Delikte auf. Wir knackten Kaugummi-Automaten und beschafften uns nach wie vor illegal Zigaretten. Das hatte mit Sicherheit nicht die Qualität der Taten, mit denen ich es heute zum Teil bei den Jugendlichen zu tun habe, aber Gewalt und Verhaltensauffälligkeiten beginnen meist im Kleinen.

Und dann erfuhr ich, dass der Mann, zu dessen Grab

ich so oft gegangen war, gar nicht mein leiblicher Vater war. Mein zehn Jahre älterer Bruder wollte heiraten und benötigte dafür seine Geburtsurkunde. Was weder er noch ich wussten: Er war adoptiert, und das kam durch Einsicht der Urkunde ans Tageslicht. Meine Mutter eröffnete uns diese Tatsache, als wir verwirrt auf das Dokument schauten, mit den Worten: «Jungs, setzt euch hin. Wir müssen reden.» Sie erzählte, dass mein Bruder adoptiert sei, sie hätte angenommen, sie könne keine Kinder bekommen. Das saß. Mein Bruder war gar nicht mein Bruder. Augenblicklich geriet so vieles in meinem Kopf ins Wanken. Aber das war noch nicht alles, denn meine Mutter setzte nach: «Und du, Jens, du hast einen anderen Vater. Herr Mollenhauer ist gar nicht dein Vater, du bist durch eine Affäre entstanden. Dein leiblicher Vater ist ein italienischer Komponist.»

Trauer vermengte sich mit einer riesigen Wut in mir. Ich war nicht nur Papa-los geworden, wie ich als Kind gedacht hatte, sondern auch gar nicht mit leiblichem Vater aufgewachsen. Wie sollte ich das als Teenager verstehen und verarbeiten?

«Wie ist das passiert?», fragte ich meine Mutter.

Sie erklärte, dass alles auf Capri geschehen sei. Aber natürlich hätte mein leiblicher Vater selber eine Familie, und ich hätte nicht Teil davon sein können. Nie werden können. Die Wut in mir wuchs weiter, sie war kaum zu bändigen, fuchsteufelswild war ich wegen meiner Mutter.

«Wo sind meine Wurzeln?», fragte ich wütend. «Wo lebt mein eigentlicher Vater?»

Erst wollte sie es mir nicht sagen, aber nachdem wir darüber mehrfach miteinander stritten, verriet sie mir endlich, in welchem Dorf ich meinen Vater finden würde.

Mit meinem Kumpel David machte ich mich in den Sommerferien auf den Weg nach Italien. David konnte meine Sehnsucht nach einem Vater nachvollziehen. Er wuchs zwar mit einem auf, aber sein Vorstands-Daddy war letztlich nie anwesend. Und da er sich auch nicht im Internat wohlfühlte, kam ihm unsere Reise, die wir als Interrail-Trip entlang der Mittelmeerküste geplant hatten, gerade recht. Inzwischen waren wir sechzehn, und ich versuchte, diese Tour ins Ungewisse als Abenteuer zu genießen. Aber es fiel schwer.

Als wir das von meiner Mutter genannte Dorf erreichten, hielten wir uns einige Tage dort auf. Mein leiblicher Vater lebte nicht mehr in dieser Gegend, wie ich herausfand, aber ein paar Tage nach unserer Ankunft sollte auf dem Marktplatz ein kleines Konzert stattfinden, auch mein Vater, Giuseppe Molinari, war namentlich auf dem Plakat angekündigt, denn es wurden Kompositionen von ihm gespielt.

Als David und ich unter den Zuhörern saßen, erblickte ich ihn zu Beginn des Konzerts vor den Musikern, die ihre Streich- und Zupfinstrumente in den Händen hielten. Da stand er und wurde beklatscht. Mit einer Hand auf der Brust versuchte er Bescheidenheit auszudrücken, schließlich verbeugte er sich. Das Haar war dunkel und schütter. Alles an seinem Auftreten drückte aus: Hier bin ich, und es ist außerordentlich nett von mir, dass ich auf diesem Platz anwesend bin. Man konnte auch sagen: Er strotzte vor Selbstbewusstsein. Die Schultern wirkten breit, der Körper war gedrungen und wendig, sein Lächeln nur angedeutet.

Ich suchte mich in ihm, scannte meinen Vater von oben bis unten. Mimik, Gestik, Körpersprache und Statur. Ich sah mich in ihm, wollte mich in ihm sehen. Ich wollte auch ein Molinari sein. Aber ich war ein Mollenhauer. Jens. Entstanden aus einer Affäre, durch einen Ausrutscher. Für Giuseppe Molinari unbekannt und ungeliebt. Dadurch weiß ich, wie es sich anfühlt, wenn man auf der Suche nach Liebe, Bestätigung und elterlichen Vorbildern ist – und diese Suche zu keinem Ziel führt, die Sehnsucht unerfüllt bleibt. Ich kann die Gefühle der Jugendlichen in meinem beruflichen Alltag sehr gut verstehen. Meistens erzähle ich den Kids ungefragt, was diese Sehnsucht mit mir gemacht hat. Das ist einfachste Psychologie. Ich gebe etwas von mir preis und schaffe durch die eigene Schwäche Nähe.

Und Giuseppe Molinari? Ich wusste ja, dass er mein Vater ist, und hätte ihn ansprechen können. Aber ich tat es nicht, mir fehlte einfach der Mut dazu. Was sollte ich sagen? «Hallo, Paps, ich bin es, dein heimlicher Sohn?»

Das erste Mal in meinem Leben brachte ich kein Wort heraus.

David und ich hörten uns das Konzert noch einen Moment lang an, dann verschwanden wir in der Menschenmenge und gingen zurück in unser Hostel. Wenigstens, so dachte ich auf dem Rückweg, habe ich meinen Vater einmal gesehen. Auch wenn er offenbar von meiner Existenz nichts wissen wollte.

Diese für mich missglückte Reise zu meinen Wurzeln warf mich noch mehr aus der Bahn, und ich fing an, ziemlich viel Mist zu bauen. Auf Klassenreisen klauten wir von den Straßenpfeilern Katzenaugen und knackten am laufenden Band Zigarettenautomaten, deren Inhalt wir dann zu Geld machten. Das teilten wir anschließend untereinander auf.

Ein weiterer angenehmer Nebeneffekt bei meinen Taten war, dass ich damit Mädchen beeindrucken konnte. Zumindest war mir ihre Aufmerksamkeit gewiss.

Das ging eine Zeit lang so weiter. Bis ich auf einer Klassenreise auf der Nordseeinsel Föhr von zwei Mitschülern verpfiffen wurde. Obwohl sie zu denen gehörten, die selbst fleißig Automaten knackten, auch mit mir, verrieten sie mich. Sie waren erwischt worden, und da die zwei aus gutem Hause kamen, reisten die Väter persönlich nach Föhr und regelten die Angelegenheit mit der Polizei. Ich wurde dann von ihnen als Anstifter hingestellt, was aber nicht der Realität entsprach. Wir hatten das gemeinsam geplant. So hatten sich die beiden Jungs aus der Affäre ziehen können – bzw. die Väter ihre Söhne.

Ich wurde von unserem Lehrer nach Hause geschickt, aber da meine Mutter selbst fort war, wartete niemand auf mich. Niemand war da, der mit mir schimpfte, niemand, der mir Grenzen setzte, niemand, der fragte: «Junge, was ist eigentlich mit dir los? Warum machst du so einen Mist?»

Meine Mutter hielt sich mit Onkel Reinhardt in ihrem Wochenendhaus auf, sie wusste nichts von dem, was ich getan hatte, oder sie wollte davon nichts wissen. Ich war immer öfter allein in unserer Wohnung, zumindest an den Wochenenden. Aus damaliger Sicht könnte man sagen, wie geil – endlich sturmfrei. Aber so hatte ich es nicht empfunden. Meine Mutter beschäftigte sich mehr mit ihren Männern als mit mir. Ich fühlte mich im Stich gelassen.

6

Du bist ein Mann, du musst dich wehren

Bisher ging es in erster Linie um den abwesenden Vater und die Folgen dieser Abwesenheit. Aber auch ein anwesender Vater kann zum Problem werden, wenn er gewalttätig und dominant ist, er sich als patriarchalischer Vater sieht.

Ein Handyvideo. Schlechte Qualität, wacklige Aufnahme im Hochformat, achtzehn Sekunden ist es nur lang. Bestimmt mit einem älteren Smartphone aufgenommen oder von WhatsApp komprimiert zulasten der Qualität. Doch das kurze Video hat es in sich. Zu sehen ist eine Straße mit Einfamilienhäusern. Zwischen zwei Häusern befindet sich eine Baulücke. Im Hintergrund eine Grube, davor ein Bauzaun aus Metall mit schmalen Streben und einem Betonsockel, damit sie nicht umfallen. Davor sitzt ein Junge. Eigentlich sitzt er nicht, er kauert vor dem Bauzaun. Im Hintergrund sind Stimmen von mehreren Männern oder Jungs zu hören. «Wallah, was is er für ein Lauch.» – «Gib's ihm richtig, wie eine läufige Hündin.» – «Junge, du hast Scheiße im Gesicht.» Alle grölen. Lachen. Verhöhnen offenbar den Jungen, der an den Zaun gefesselt wurde und sich nicht bewegen kann. Wie er festgebunden wurde, ist nicht zu erkennen, außer, dass er versucht, sich loszureißen. Vermutlich Kabelbinder. Er sagt nichts, hat den Blick gesenkt. Dann geht die Kamera näher an ihn heran. Der, der das alles filmt, hockt sich runter zu dem Jungen und hält ihm die Kamera genau vors Gesicht. Und erst jetzt ist zu sehen, was die eine Stimme im Hintergrund lauthals krakeelt hat. Der Junge hat eine braune Masse im Gesicht. Von der Stirn über die rechte Wange bis zu seinem Kinn. Vermutlich Scheiße. Hundescheiße. Aus seiner Nase läuft Blut. Seine Augen sind weit aufgerissen, der Blick angstverzerrt. Er ist höchstens dreizehn Jahre alt. Das Video endet abrupt.

Entdeckt hat es die Lehrerin einer Billstedter Schule. Auf dem Pausenhof fiel ihr eine Gruppe Kinder auf, die sich heimlich TikTok-Videos anschauten, kurze Clips, die von jedem über die App hochgeladen werden können. Die Clips können sich Schüler und Schülerinnen untereinander schicken oder sie bekommen thematisch ähnliche Clips im eigenen Feed vorgeschlagen. Schaut man zum Beispiel regelmäßig Mobbing-Videos, sucht ein computergestützter Algorithmus nach ähnlichen Videos, bestenfalls mit geografischer Nähe. Momentan ist TikTok für viele meiner Kids das am meisten benutzte soziale Medium. Eine moderne Droge. Viele hängen stundenlang über ihren Smartphones und machen nichts anderes, als sich stumpf diese mehrere Sekunden kurzen Clips anzuschauen und zum nächsten zu wischen. Sie blenden ihre Umwelt komplett aus und merken nicht mehr, was um sie herum geschieht. Das hat zu einem Handyverbot an vielen Schulen geführt.

Die Lehrerin ist deshalb stutzig geworden, weil die Handys an ihrer Schule normalerweise vor Unterrichtsbeginn beim Lehrer oder bei der Lehrerin abgegeben werden. Sie ging zu den Schülern und Schülerinnen hin und fragte nach, was sie dort machen würden. Dabei bekam sie einen Ausschnitt von dem Bauzaun-Video zu Gesicht, noch bevor es der Schüler, der das Handy in der Hand hielt, schließen konnte. Sie nahm das Smartphone an sich und verständigte die Polizei. Die Kripo wertete das Video aus, und dabei stellte sich heraus, dass der Junge in dem Video Schüler der Schule war, in dem die Lehrerin unterrichtete. Nachdem wir den Betroffenen ausfindig gemacht hatten, luden wir ihn zu einem Gespräch in die Schule – im Beisein eines Sozialpädagogen, der für diese Schule zuständig ist.

Nach Unterrichtsschluss sitzen wir nun mit dem Sozialpädagogen und dem Jungen, Tobias, in einem leeren Klassenzimmer. Der Sozialpädagoge zeigt uns den Film, und wir bitten den Jungen zu erzählen, wie sich das alles zugetragen hat. Der Junge stockt kurz, schließlich sagt er: «Nee, alles gut.»

Tobias ist mittelgroß, recht dünn, die Schultern hängen, leicht nach vorn gebeugt in seiner Körperhaltung sitzt er bei der Begegnung da. Sein Blick klebt am Boden. Manchmal schaut er kurz auf, hält den Blick aber nur für den Bruchteil von Sekunden. Alles an ihm erweckt den Eindruck eines gedemütigten Opfers. Jeder kann zum Mobbing-Opfer werden, und ist man es erst einmal, übertragen sich fehlender Selbstwert sowie permanente Demütigung oft auf das äußere Erscheinungsbild, so wie bei diesem Jungen.

Wir merken, dass er Angst hat. Angst, die wir ihm nehmen müssen. Es braucht viel Einfühlungsvermögen, damit sich der Junge öffnet, denn er macht dicht. Das erste Treffen bleibt ergebnislos. Der Junge will nicht mit den Namen seiner Peiniger herausrücken. Wir haken immer wieder nach und führen lange Gespräche mit ihm, machen ihm klar, dass wir ihm helfen wollen.

Nach mehreren Gesprächen mit der Mutter wird immer deutlicher, dass sie mit der Situation überfordert ist. Sie weiß nicht, wozu sie ihrem Sohn raten soll. Wehren kann er sich nicht. Kampfsport ist nicht sein Ding. Nach drei Gesprächen mit Tobias vertraut er sich uns schließlich an und gibt unter Tränen den Namen des Haupttäters preis. Seine Angst vor Rache ist groß. Deshalb müssen wir dem Täter klarmachen, dass er Tobias ab sofort besser in Ruhe lassen sollte. Der Täter heißt Deniz F. und lebt nur zwei Straßen von seinem Opfer entfernt, beide haben denselben Schulweg.

Wir fahren also zu der Wohnung, in der Deniz lebt. Erster Kontakt, Gefährderansprache. Die Mutter öffnet. Leerer Blick, ähnlich inhaltslos wie der anschließende Dialog.

«Wo ist Ihr Sohn?»

«Weiß ich nicht.»

«Wann kommt er?»

«Weiß ich nicht. Meine Kinder bekommen keine Uhrzeit mit, wann sie zu Hause sein sollen.»

«Wann kommt Ihr Mann?»

«Um acht.»

«Dann kommen wir noch mal wieder.»

Nächster Versuch nach zwanzig Uhr. Der Vater von Deniz öffnet diesmal die Tür und bittet uns herein. Er ist über unser Erscheinen nicht erstaunt, offenbar hat ihm seine Frau Bescheid gesagt, dass wir schon am Nachmittag da waren. Fast höflich führt er uns ins Wohnzimmer. Das ist picobello aufgeräumt. Fliesenboden, weißer großer Esstisch mit durchsichtiger PVC-Folie drauf, damit kein Kratzer entsteht, darüber eine Art Kronleuchter, der den Raum in ein klinisch weißes Licht taucht. Alle Möbel stehen an der Wand, weiße Ledercouch, weiße Schränke in Lackoptik. Weiß dominiert. Doch der Mann im dunklen Anzug und mit Aktentasche, der vom Sofa aufsteht, als wir den Raum betreten, stört das Bild.

«Das ist mein Anwalt», stellt ihn der Vater von Deniz in knappen Worten vor. Obwohl er nicht weiß, warum wir überhaupt hier sind, hat er sofort seinen Anwalt hergebeten. Hinter den beiden Männern entdecken wir Deniz. Fast wirkt es so, als würde er sich verstecken. Als würden die Anwesenheit seines Vaters und die des Anwalts seine Tat ungeschehen machen.

Wir nehmen Platz. Die Mutter serviert selbst gebackene Kekse. Anschließend verlässt sie den Raum. Vier Männer und ein Kind sitzen nun um den großen Tisch. Wir klären den Vater darüber auf, dass sein Sohn nicht strafmündig ist, noch bevor der Anwalt mit seiner Rechtsbelehrung anfangen kann. Dann folgt die Belehrung über den Tatvorwurf. Der dauert normalerweise keine fünf Sätze.

«Ihr Sohn Deniz wird der Freiheitsberaubung und Körperverletzung verdächtigt. Das Ganze ist gefilmt worden ...»

«Mein Sohn darf sich wehren», unterbricht der Vater.

«Sie wissen doch noch gar nicht, worum es geht.»

«Ich weiß, dass mein Sohn ständig von diesem Schüler provoziert wird. Er muss sich wehren dürfen.»

Der Vater ist dominant. Er fällt uns ständig ins Wort und macht aus dem Täter ein Opfer.

«Ihr Sohn ist identifiziert worden. Das LKA hat gerade die Handyvideos ausgewertet ...»

«Er hat das nicht gefilmt. Er war das nicht.»

Es heißt Gefährderansprache und nicht Gefährderdiskussion. Das mache ich dem Vater unmissverständlich klar. Ich merke, dass es ihm an Respekt gegenüber uns Polizisten fehlt. Das ist frustrierend, kommt aber immer wieder vor. Inzwischen nehme ich ein solches Verhalten nicht mehr persönlich, auch aus Eigenschutz. Mit seinem Anwalt fühlt sich der Vater von Deniz sicher. Er kann davon ausgehen, dass die Tat seines Sohnes ungesühnt bleibt. Deniz sitzt einfach nur da und schweigt. Der Anwalt tut es ihm gleich. Es ist offensichtlich, dass der Vater hier das Sagen hat.

Solche patriarchalen Strukturen kennen wir aus vielen Familien. Archaisches Machogehabe, über jedes Rechtsverständnis erhaben. Deniz hat auf dem Schulhof eine entsprechende Rolle übernommen. Für uns als Jugendschützer ist es jedes Mal eine Herausforderung, in patriarchalisch geführte Familien vorzudringen. Häufig treffen wir männerdominierte Strukturen in Familien mit Migrationshintergrund an. Der Vater ist das über allem stehende Familienoberhaupt, danach kommen die Söhne, und zwar in der Reihenfolge, in der sie geboren wurden, das Schlusslicht bilden die Ehefrau und die Töchter. Die Söhne erfahren in der Erziehung oft nur wenig Widerstände, wenn überhaupt. Es gilt das Wort des Vaters, und teilweise hat sich die Mutter sogar dem ältesten Sohn unterzuordnen. Das ist sicher auch das Ergebnis von gescheiterter Integration, uralte Traditionen sind nur schwer aufzubrechen. Für uns als Polizei ist es nicht möglich, an derartigen Familiengefügen etwas zu ändern. Es müsste ein Umdenken stattfinden, denn wir können diesen Familien auch nicht unser westliches Weltbild aufzwingen.

Nicht mit der Brechstange. Es kann nur ein Prozess sein, der womöglich noch Generationen andauern und unserer Gesellschaft Beharrlichkeit und Verständnis abverlangen wird.

Nun prallen aber archaisches Familienverständnis und Social Media aufeinander. Seit der Existenz von Instagram und TikTok sind Handyvideos zu einer Art sozialer Währung geworden. Je spektakulärer, desto höher das Ansehen. Mit seinem Mobbing-Video ist Deniz zum Social-Media-König seiner Schule avanciert. Seine Freunde sind die Claqueure, und Tobias ist sein Untertan, mit dem er anstellen kann, was er will. Und Deniz' Vater stellt sich schützend vor seinen Sohn. Wie soll man da etwas bewirken können?

Am liebsten würde ich den Vater fragen, was er eigentlich über den Handykonsum seines Sohnes weiß, darüber, welche Videos sich sein Sohn anschaut. Videos, die vor Gewalt und Blut nur so triefen. Aber ich unterdrücke den Impuls, den Vater offen zu konfrontieren und ihn vor seinem Sohn und seinem Anwalt vorzuführen.

Ich merke während des Gesprächs, dass der Vater Zweifel an der Unschuld seines Sohnes hat. Deshalb appelliere ich an sein Ehrgefühl. Ich mache ihm deutlich, dass der Ruf der Familie unter der Tat des Sohnes leiden wird. Der Vater ist Inhaber einer Imbissbude, viele Menschen im Viertel kennen ihn. Einen Gesichtsverlust kann er sich nicht leisten. Nur wenn er begreift, dass Deniz' Tat Kreise über den Schulhof hinaus zieht, wird er seinen Sohn in die Verantwortung nehmen. Denn Respekt hat Deniz einzig vor ihm.

«Wir wollen, dass der andere Junge keine Angst mehr hat. Wenn wieder etwas vonseiten Ihres Sohnes passiert, hat er ein Problem. Gibt es ein nächstes Mal, kommen wir wieder.»

Für uns ist die Ansprache beendet. Helge und ich verlassen das Zimmer. Ich habe den Eindruck, dass der Vater mit seinem Sohn sprechen wird. In welcher Form er das tut, darüber kann ich nur mutmaßen. Deniz ist jedenfalls seitdem nicht mehr auffällig geworden. Und Tobias hat in einem benachbarten Jugendzentrum Anschluss gefunden.

7

Prügelei auf Instagram

Der Fall von Deniz zeigt auf verstörende Weise die Bedeutung von Handyvideos bei der Entwicklung von Jugendgewalt. Um die Rolle von sozialen Medien hierbei besser zu verstehen, ist es notwendig, zehn Jahre zurückzugehen und sich ihre Anfänge anzusehen. Im Jahr 2013 war Facebook das größte soziale Netzwerk. Dort postete man Fotos und sammelte Freunde und Follower, man konnte Fotos von anderen Facebook-Nutzern mit einem Daumen «liken» oder sie kommentieren. Das kann man noch immer, aber heute nutzen Jugendliche dieses Medium kaum noch, dafür aber umso mehr die Zielgruppe der Vierzigjährigen und aufwärts. Die App TikTok gab es noch nicht, inzwischen hat sie fast jedes Kind, mit dem wir zu tun haben, auf seinem Handy installiert. Ein ziemlich intelligenter Algorithmus erkennt, welchen Videos man besonders viel Beachtung schenkt, und schlägt einem ähnliche Videos vor.

Vergleichbar funktioniert Instagram. 2013 war Instagram noch eine App, bei der ambitionierte Handyfotografen Aufnahmen machten, die sie kunstvoll mit Filtern bearbeiteten. Irgendwann konnte man auch diese Fotos kommentieren und später ebenso Videos hochladen. Heute inszenieren sich Jugendliche, Heranwachsende und Erwachsene gleichermaßen auf dieser Plattform. Es gibt fast nichts, was es auf Instagram nicht gibt. Junge Menschen posten Bilder von Urlauben, die ich mir nicht leisten möchte, andere zeigen sich fast nackt, und wieder andere posten Videos mit gewalttätigem Inhalt. Viele Jugendliche, die ich kenne, tun das. Sie verbreiten Prügelvideos, nehmen sich mit Geldscheinen und Drogen auf. Gras, Kokain, Chrystal. Sie geben sich eindeutige Namen. Meistens hängen sie an ihren Instagram-Namen die letzten zwei Ziffern ihrer Postleitzahl an, um zu zeigen, aus welchem Viertel sie kommen. Oder sie verwenden Kürzel von Namen bekannter Gangster-Rapper, denen sie nacheifern. Denn die sind es, die ihnen einen protzigen und gewaltverherrlichenden Lebensstil auf Instagram vorleben.

Die Kids befinden sich in einem ständigen Wettbewerb. Sie gewinnen Anerkennung über Menschen, die ihrem Instagram-Profil folgen, ihre Videos anschauen und kommentieren. Je krasser die Videos sind, umso höher ist ihr Stellenwert in ihrer Community. Und das hat maßgeblich Einfluss darauf, wie heute Schlägereien und Mobbing entstehen und geführt werden. Es geht nicht darum, dass man sich schlägt, weil Worte nicht helfen und Gewalt als das letzte Mittel empfunden wird, um einen Konflikt zu lösen. So habe ich Jugendgewalt früher erlebt. Heute geht es darum, dass es gefilmt wird. Man prügelt sich, damit es gefilmt wird. «Kommst du mit und nimmst es auf, wenn ich den zusammenschlage?» Erst wenn die Kamera läuft, geht es los. Dann dreht sich alles um Vervielfältigung. Man will Eindruck schinden, Anerkennung im Viertel generieren.

Ein erschreckender Fall ist der des vierzehnjährigen Samir. Ein Fall, der mich als Jugendschützer in seiner Ungeheuerlichkeit sprachlos gemacht hat. Um es vorwegzunehmen: Samir sitzt inzwischen im Knast. In Untersuchungshaft, mit den richtig schweren Jungs. Bis es dazu kommt, dass Richter und Staatsanwalt einen Vierzehnjährigen inhaftieren, muss eine Menge passieren. Aber der Reihe nach.

Als Jugendschützer sind wir regelmäßig mit den Jugendzentren der einzelnen Viertel im Austausch. Die Jugendhäuser werden von Vereinen betrieben, und deren Leitung hat in den meisten Fällen einen guten Draht zu den Kindern und Jugendlichen im Viertel. Als Polizei sind wir also darum bemüht, mit diesen Zentren zusammenzuarbeiten, um zu erfahren, was es im Viertel für Jugendlagen gibt. Jugendlagen nennen wir eine Häufung von Gewaltdelikten, die von Kindern und Jugendlichen begangen werden. Diese Informationen sind wichtig für unsere Arbeit. Denn so erfahren wir oft schon frühzeitig, wenn eine Gruppe Straftaten im Viertel begeht.

Bei Samir war das anders. Dort hatte es ziemlich

lange gedauert, bis wir herausfanden, dass er und seine Freunde für schwerste Gewalttaten im Viertel verantwortlich waren, obwohl wir ihn schon eine Weile auf dem Schirm hatten. Eigentlich war es der Zufall, der uns geholfen hatte. Dirk, ein Bekannter von mir, arbeitet als Erzieher. Sein Sohn ging auf dieselbe Schule wie Samir und hatte Dirk von einem Jungen berichtet, der Schülern gnadenlos auf die Fresse hauen würde. Jeden Tag. Dirk erzählte es dann mir, und ich bat ihn, seinem Sohn einige Namen von Jugendlichen zu nennen, die mir bereits im Viertel aufgefallen sind. Einer davon war Samir. Daraufhin zeigte ich Dirk und seinem Sohn einige der Videos, und der Sohn meines Freundes bestätigte mir, dass es sich um Samir handele.

Anschließend habe ich die Kripo eingeschaltet, die Samirs Handy sicherstellte und auswertete. Was darauf zu sehen war, schockierte sogar mich, obwohl ich schon einiges gesehen habe. In einem Film steht Samir einem Jungen gegenüber. Der Junge steht einfach nur da, lässt die Arme nach unten hängen. Nach einer Weile richtet Samir seinen Blick in Richtung Handykamera.

«Nimmst du auf?», fragt er den Filmenden.

«Ja», antwortet die Stimme aus dem Off.

Danach geht Samirs Show los. Erst lockert er seine Schultern, dann massiert er seine Fäuste. Schlägt wiederholt mit seiner rechten Faust in die linke Hand und wiegt seinen Kopf von links nach rechts, so als würde er sich aufwärmen. Kurz darauf fängt er an, vor dem Jungen zu tänzeln. Seine geballten Fäuste bewegen sich rhythmisch im Takt seiner Bewegung. Er beschreibt einen Halbkreis um den Jungen. Dieser schaut einfach nur geradeaus. Sein Blick geht ins Leere, die Arme sind angewinkelt, sein ganzer Körper ist angespannt. Das dauert etwa zwanzig Sekunden. Plötzlich schlägt Samir mit einer langen rechten Geraden dem Jungen direkt ins Gesicht. *Puck*. Ein dumpfes Geräusch. Der Junge taumelt. Bleibt aber stehen. Und zack, direkt ein linker Haken hinterher, gefolgt von einem Kniesprung in den Bauch des Jungen. Jetzt sackt der zusammen, krümmt sich vor Schmerzen und bleibt auf dem Boden liegen. Umklammert mit seinen Händen seinen Hinterkopf, um weitere Schläge abzuwehren. Es folgen zwei heftige Tritte gegen den Kopf. Samir richtet den Blick erneut in die Kamera und lacht.

«Schau mal die Missgeburt. Wie er da liegt, das Opfer.»

Der Junge rührt sich nicht mehr. Dann endet das Video.

Es ist nur eine von vielen Aufnahmen, die auf Samirs Handy gefunden wurden. Alle laufen nach dem gleichen Muster ab. Das Video startet, wenn Samir seinem Opfer gegenübersteht. Am Anfang vergewissert er sich jedes Mal, dass sein Kollege den roten Aufnahmeknopf gedrückt hat. Anschließend macht er sich warm, massiert seine Fäuste, tänzelt herum, schlägt zu und tritt nach. Wieder und wieder. Es fällt auf, dass keines seiner Opfer sich wehrt oder versucht, die Flucht zu ergreifen. Was auf den ersten Blick unbegreiflich scheint, habe ich schon öfter bei von Gewalt Betroffenen erlebt: Denn wer wegläuft, der bekommt es später doppelt und dreifach zurück. Die Täter lassen nicht locker, suchen ihr Opfer erneut auf und schlagen es wieder zusammen.

Bei all dem handelte Samir nicht allein. In solchen Gruppen gibt es immer einen Anführer und ein paar Jungs, die sich um ihn scharen. Sie schwirren wie kleine Satelliten um den Anführer und tun alles, was er will. Es sind Fußsoldaten, dreizehn, vierzehn, fünfzehn Jahre alt. Jungs, die sich bei jeder Prügelei, bei der sie dabei sind, bei der sie filmen, lachen oder einfach nur glotzen, strafbar machen. Denn wer bei einer Straftat wie einer gefährlichen Körperverletzung anwesend ist und nichts dagegen unternimmt, macht sich der Mittäterschaft schuldig.

Samir hatte es nicht im Geringsten interessiert, dass die Polizei sein Zimmer durchsuchte und sein Handy sicherstellte. Im Gegenteil. Noch am selben Tag ging er ins Jugendzentrum, als wäre nichts gewesen. Dort schnappte er sich einen Jungen mit einem Smartphone. «Ssst, ey, komm ma», hatte er ihm nur zugeraunt und mit dem Kopf eine Bewegung in Richtung Tür gemacht. Der Junge folgte ihm ohne Widerworte und ließ sich vor der Tür das Handy abnehmen. Zack – hatte

Samir ein neues. In seinem Viertel konnte er machen, was er wollte. Im Alter von nur vierzehn Jahren hatte er es geschafft, ein Klima der Angst zu verbreiten. Kein Jugendlicher traute sich noch, ihm Paroli zu bieten. Durch seine Videos hat er den Ruf eines skrupellosen Gewalttäters, dem sich besser keiner entgegenstellt. Er war so gefürchtet, dass niemand über seine Taten sprach; nicht einmal die Mitarbeiter des Jugendzentrums oder wir vom Jugendschutz haben von seinen Taten erfahren.

Samirs Opfer sind nicht bloß Opfer schwerer Körperverletzung geworden – das allein ist für viele Kinder und Jugendliche traumatisierend. Sie haben auch damit zu kämpfen, dass die Taten gefilmt und öffentlich auf Social Media zur Schau gestellt wurden. Über WhatsApp, Chatgruppen, Instagram, Snapchat oder andere Kanäle finden solche Bilder schnell ihren Weg auf die Schulhöfe und in die Klassenzimmer, und die Betroffenen sind zusätzlich Häme und Spott ausgesetzt.

Unabhängig von den Folgen für Gewaltopfer (dazu später mehr), werde ich häufig gefragt, wie wir mit Tätern wie Samir verfahren sollen. Jeder, der schon einmal mit der deutschen Justiz zu tun hatte oder in den Nachrichten Strafprozesse verfolgte, weiß, wie langsam Gerichte arbeiten können. Das hat verschiedene Ursachen. Überlastung, Personalmangel, unzureichende Vernetzung zwischen den Behörden, bürokratischer Aufwand. All diese Faktoren sorgen dafür, dass sich Strafverfahren Monate, manchmal sogar Jahre hinziehen, bis es zum Prozess kommt. Wenn nun ein strafmündiger Täter wie Samir ein Opfer zusammenschlägt und ein Jahr später eine Prozessvorladung von der Staatsanwaltschaft bekommt, wird er in dieser Zeit vermutlich zahllose weitere Gewalttaten begangen haben. Und die Tat, für die er vorgeladen wurde, wird er womöglich schon längst vergessen haben.

Kriminelle Karrieren von Kindern und Jugendlichen entwickeln sich oft schnell. Samir war für uns kein Unbekannter. Als er elf war, hatten wir bei seinen Eltern die erste Gefährderansprache durchgeführt, weil er im Unterricht seinen Klassenkameraden mit einem Stuhl beworfen und am Kopf verletzt hatte. Seither reihten sich seine Taten wie Perlen auf einer Schnur aneinander. In einem Jahr hat er es auf knapp fünfzig Delikte als Beschuldigter gebracht. Natürlich werden wir als Jugendschützer nicht über jede Straftat informiert, sondern nur die, bei denen Gewalt im Spiel ist. Delikte wie zum Beispiel Diebstähle und Beleidigungen landen gar nicht erst auf unserem Tisch.

Damals war Samir noch nicht strafmündig. Unsere Aufmerksamkeit bekam er erst, als sich die Qualität seiner Taten veränderte. Er schlug seinen Opfern ins Gesicht, er ließ sich dabei filmen und trat auf sie ein, wenn sie am Boden lagen. Er nahm schwerste Verletzungen und bleibende Schäden bei den Kindern in

Kauf. Wird ein solcher Jugendlicher nicht gebremst, entspinnt sich eine Gewaltspirale, an deren Ende eine Messerstecherei oder gar ein Tötungsdelikt stehen kann.

Es geht also darum, schnell zu handeln. Gewalttäter müssten sofort für ihre Taten bestraft werden. Denn nur dann kann überhaupt eine Wirkung erzielt werden. Es sollte für Intensivtäter wie Samir schnelle Verfahren mit raschen Verurteilungen geben, damit sie die Konsequenz ihres Handels begreifen. Im Jugendverfahren gibt es daher den Grundsatz der Beschleunigung des Verfahrens – glücklicherweise hat er in Samirs Fall gegriffen. Ein Hamburger Jugendrichter hat sofort Untersuchungshaft für ihn angeordnet. Das heißt: Samir bleibt mindestens so lange hinter Gittern, bis ihm der Prozess gemacht wird. Das war außergewöhnlich für einen so jungen Täter und musste vom Richter sorgfältig begründet werden – zumal Samir gerade erst vierzehn geworden war. Als Haftgrund hatte der Richter unter anderem Verdunklungsgefahr angegeben. Gemeint ist damit die bewusste Einflussnahme durch Samir auf Zeugen bis zum Beginn des Prozesses. Diese Maßnahme dient am Ende der Wahrheitsfindung. Der Richter sah es als erwiesen an, dass Samir eine akute Gefahr für die Öffentlichkeit darstellte. Er schöpfte die maximale Maßnahmenpalette aus – und handelte in meinen Augen richtig. Denn die Öffentlichkeit muss vor Jugendlichen wie Samir geschützt werden. Nun ist er nicht mit Gleichaltrigen in der Jugendvollzugsanstalt Hahnöfersand auf der gleichnamigen Elbinsel inhaftiert, sondern im Untersuchungsgefängnis Dammtor. Man könnte jetzt fragen, warum sitzen Jugendliche wie Samir nicht immer in Gefängnissen für Erwachsene ein? Es besteht die Gefahr, dass Samir gewalttätiger aus dem Knast herauskommt, als er hineingegangen ist. Mit seiner Zeit im Knast kann er außerdem bei seinen Freunden ordentlich «Credits» sammeln, was seinen gefürchteten Ruf womöglich stärken könnte.

Eine Haftstrafe resozialisiert Jugendliche nur sehr selten. Dennoch war die Entscheidung des Richters richtig, obwohl es nicht meine Philosophie ist, Jugendliche wegzusperren. Samir ist ein extremer Fall, der beim Ausmaß seiner Taten ein besonderes Level an Brutalität erreicht hat. Nicht noch weitere Opfer sollen auf sein Konto gehen. Dort, wo alle erzieherischen Maßnahmen versagen, bleibt am Ende nur die Haft. Nicht zuletzt auch, um Samir vor sich selbst zu schützen. Zu hoffen ist nur, dass dieses Vorgehen in seiner Härte und Unmittelbarkeit bei Samir Wirkung zeigt.

Was der Fall von Samir drastisch zeigt: Die Jugendgewalt hat längst ihren Weg ins digitale Zeitalter gefunden. Die sozialen Medien wirken dabei wie Brandbeschleuniger. Denn nichts fällt leichter, als jemanden per Direktnachricht zu beleidigen. Mit Respektlosigkeit fängt alles an. Der Kontrahent kann dich nicht sehen. Euch trennt ein Bildschirm. Der Streit findet bisher nur virtuell statt. Und genau das sorgt dafür, dass sich Wut, Hass und gekränkte Gefühle aufstauen und maximal hochschaukeln – bis der Konflikt real wird und eskaliert. Du triffst auf die Person, die dich zuvor gedemütigt, dich, deine Familie, deine Freunde beleidigt hat. Und alle wissen davon. WhatsApp-Gruppenchats haben darf gesorgt, dass jeder weiß, dass ihr etwas zu *klären* habt. Es kommen zahlreiche Schaulustige, zehn, zwanzig, manchmal hundert. Alle wollen dabei sein und zusehen, wie ihr euch gegenseitig aufs Maul haut. Herzgewalt.

Soziale Medien sind ein Katalysator für Hass. Als Jugendschützer haben wir in der Regel nur die Sicht von außen und erleben die Auswüchse dieser Entwicklung. Gleichzeitig sind wir natürlich selbst auf TikTok und Instagram unterwegs, ich suche zum Beispiel nach bestimmten Hashtags, die von Jugendlichen häufig genutzt werden. Welche das sind, erfahre ich in Gesprächen mit Jugendlichen. Aber dieses Vorgehen dient lediglich zu unserer Information, es dient unserem eigenen Hintergrundwissen. Ich bin ja kein ermittelnder Beamter, und ich gehe auch keinen Verstößen nach, wenn ein Jugendlicher beispielsweise einen anderen beleidigt. Eigentlich müssten wir die sozialen Netzwerke polizeilich überwachen, um über (sich anbahnende) Straftaten informiert zu sein. Das können wir vom Jugendschutz aber leider nicht leisten: Weder haben wir die zeitlichen Kapazitäten noch das Personal oder das Know-how.

Der ehemalige niedersächsische Justizminister und promovierte Kriminologe Christian Pfeiffer sagte einmal, dass sich Jugendgewalt nicht verändere. Es ändern sich allenfalls die Vorzeichen wie Milieu, Herkunft und Austragungsorte für Konflikte. Aus heutiger Sicht habe ich diese Aussage für mich revidiert. Jugendgewalt hat sich mit dem Siegeszug sozialer Medien stark verändert. Viele Jugendliche, mit denen wir es zu tun haben, sind früher reif und durch die Flut an gewaltverherrlichenden Inhalten auf den sozialen Plattformen deutlich abgestumpfter als noch vor etwa fünfzehn Jahren. Das mag meine subjektive Wahrnehmung sein, doch ich sehe mich durch sich häufende Nachrichtenmeldungen bestätigt, bei denen es darum geht, dass wehrlose, am Boden liegende Opfer nach Schlägereien mit dem Handy gefilmt werden.

Vor einiger Zeit hat eine unter Jugendlichen bekannte Klamottenmarke auf Instagram bekannt gegeben, gratis Sachen in der Hamburger Mönckebergstraße auszugeben. Das ist eine Einkaufsstraße im Stadtzentrum mit einem Brunnen in der Mitte. Jeder kennt diesen Ort. Es kamen rund 400 Jugendliche. Die Aktion entpuppte sich jedoch als Fake, und die Jugendlichen fingen an, in der Innenstadt zu randalieren. «Erlebnisorientierte Jugendliche» ist die harmlos klingende Bezeichnung für sie, viele von ihnen stammen aus ärmeren, bildungsfernen Schichten. Auf Videoaufnahmen der Polizei habe ich einige Jungs aus Billstedt wiedererkannt.

Die Bereitschaftspolizei rückte mit mehreren Hundertschaften an. Es begann ein Katz-und-Maus-Spiel. Für die Jungs ein riesiges Spektakel, bei dem auch Passanten angegriffen wurden. Dokumentiert auf unzähligen Smartphones, verschickt per WhatsApp, hochgeladen auf TikTok und Instagram. Es hat fast vier Stunden gedauert, diesen Tumult in den Griff zu bekommen. Mehrere Jugendliche wurden festgenommen. Und das alles nur, weil sich jemand auf Instagram einen Scherz erlaubt hat.

Aktionen wie diese zeigen, wie unvorhersehbar Jugendlagen geworden sind. Sie können plötzlich auftauchen, an Orten, an denen wir sie nicht vermutet hätten, und mit einer massiven Präsenz einhergehen. Es bleibt die Frage: Wie können wir Gewalt in sozialen Medien entgegenwirken?

So simpel es klingt, so schwer ist die Umsetzung: Kinder müssen einen verantwortungsvollen Umgang mit dem Internet lernen. Sie müssen die Tragweite von Posts und Likes verstehen, über Online-Mobbing aufgeklärt werden und wissen, wie sie sich verhalten sollen, wenn sie zum Beispiel Videos voller Gewalt zugeschickt bekommen. Die Medienkompetenz der Kids muss verstärkt geschult werden – und gleichzeitig muss es Erwachsene geben, die diese Kompetenz vermitteln können und ansprechbar für die entsprechenden Themen sind.

Durch meine Arbeit in der Gewaltprävention an Schulen weiß ich, dass vermehrt Tablets von Schulbeginn an genutzt werden, um Lerninhalte zu vermitteln. Das ist an sich nichts Schlechtes, wenn es wirklich zu pädagogischen Zwecken genutzt wird. Häufig aber erlebe ich, dass gerade ältere Lehrer und Lehrerinnen im Umgang mit Kindern überfordert sind, die ihr Smartphone etwa ungefragt im Unterricht oder in den Pausen nutzen. Dort schauen sie sich Dinge an, die meistens nichts mit der Schule zu tun haben. Die Lehrkräfte wissen meistens nicht, wie sie damit umgehen sollen. Nicht alle reagieren wie die Lehrerin von Deniz richtig und nehmen das Smartphone an sich. Oft wissen vor allem die Lehrkräfte an den Grundschulen nicht, wie sie solche Fälle handhaben sollen. Medienkompetenz wird meistens erst in den weiterführenden Schulen unterrichtet. Dann ist es allerdings schon zu spät.

Die Vermittlung von Medienkompetenz darf jedoch nicht allein Aufgabe der Schule sein, sondern die Verantwortung liegt vor allem bei den Eltern. Ich plädiere für klare Regeln. Eltern müssen festlegen, welche Inhalte erlaubt sind und welche nicht. Smartphones können so eingerichtet werden, dass sie nur zur Telefonie genutzt werden können oder beim Surfen nur kindgerechte

Inhalte abrufbar sind. Chatgruppen sollten tabu sein, genauso wie der Zugang zu sämtlichen Internetseiten.

Im Gespräch mit Eltern und Lehrern vergleiche ich das Smartphone gern mit einer Verkehrsampel. Jedes Kind lernt, bei Rot stehen zu bleiben und bei Grün zu gehen. Und so sollte es auch bei einem Smartphone wissen, was okay ist und was nicht. Viele Eltern scheuen sich jedoch, Verbote auszusprechen. Einigen ist es egal, andere wollen Konflikte vermeiden, wiederum andere wollen nicht fragen, weil sie auf die Privatsphäre ihrer Kinder Rücksicht nehmen wollen. Das ist grundsätzlich löblich, aber wenn sie keine klaren Grenzen setzen, helfen sie ihren Kindern nicht. Auch hier sind Gespräche und Konsequenz wichtig: Sprechen Sie mit Ihren Kindern über die guten Seiten, aber eben auch über die Gefahren der Smartphone-Nutzung, selbst wenn das im Zweifelsfall heißt, die Handys zu kontrollieren, um herauszufinden, ob sie nicht doch heimlich chatten oder sich kompromittierende Filme zuschicken. Viele Eltern wissen nicht, mit wem ihre Kinder unterwegs sind und wo sie abhängen. Mit wem sie über ihr Smartphone schreiben, mit wem sie streiten oder anbandeln. Als Polizist und Vater kann ich nur sagen: Es lohnt sich dranzubleiben. Auch mal – aus Sicht der Kinder – «nervig» zu sein. Sich wirklich für sie und ihre Belange zu interessieren, ihnen zuzuhören und sie nicht gleich zu verurteilen oder ihre Sorgen als Kleinigkeit abzutun, wenn sie etwas aus ihrer Lebenswelt erzählen. Es ist so wichtig zu wissen, mit wem das Kind befreundet ist. Natürlich muss man nicht jeden Freund des Kindes mögen und ins Herz schließen. Aber ich sollte das Umfeld meines Kindes kennen und wissen, was es umtreibt.

Nebenbei bemerkt: Kinder und junge Teenies sollten ihre Handys nicht nachts mit in ihre Zimmer nehmen.

Die Eltern müssen also zu Hause damit anfangen, die Nutzung des Smartphones sinnvoll zu steuern. Und die Lehrkräfte sollten wissen, was zu tun ist, wenn ihnen im Unterricht auffällt, dass Handys nicht zweckdienlich genutzt werden.

Gleiches gilt für den Schulhof. Es gibt Schulen, in denen sind Mobiltelefone im Unterricht grundsätzlich verboten. Das ist ein erster Schritt. Der nächste Schritt wäre, Schülern und Schülerinnen die Gefahren begreifbar zu machen, die von diesen Geräten ausgehen. Erst dann kann eine sinnvolle Nutzung stattfinden.

8

Gewalt kennt kein Geschlecht

Im letzten Kapitel habe ich bei den Randalierenden fast ausschließlich von Jungs gesprochen. Häufig sind sie diejenigen, die vorne mit dabei sind, wenn es um Gewalt im Gruppenverband geht. Doch auch Mädchen werden straffällig, und zwar laut Jugendlagenbild der Polizei Hamburg von 2022 in einem steigenden Ausmaß. In Hamburg haben die Delikte im Vergleich zu 2019 um mehr als 16 Prozent zugenommen. Dabei geht es um tatverdächtige Mädchen und Jugendliche unter 21 Jahren. Beleidigungen im Internet werden in dieser Statistik noch nicht erfasst.

Als ich 2009 als Jugendschützer anfing, war Gewalt unter Mädchen nicht weit verbreitet. Wenn Delikte registriert wurden, versuchten wir, sie durch Gespräche mit den Eltern und den Mädchen aufzuarbeiten. Doch durch die Nutzung sozialer Netzwerke hat sich auch hier einiges verändert. Jugendgewalt hat es schon immer gegeben, und dazu zählt auch Gewalt unter Mädchen. Aber Social Media hat ein Biotop geschaffenen, in dem Mobbing, Hate Speech und Neid ungehindert wachsen konnten – und es noch immer tun.

Insbesondere die Qualität der Taten hat ein anderes Level erreicht. Mädchen streiten und schlagen sich genauso wie Jungs, nur hat es sich auf Instagram oder TikTok verlagert, und oft hat auf den sozialen Plattformen auch alles erst angefangen. Dort werden Beleidigungen gepostet, dort werden (unschöne) Vergleiche angestellt, oder es wird teilweise falschen Vorbildern nachgeeifert. Influencerinnen, an denen unzählige Schönheitseingriffe stattgefunden haben, junge Frauen, die viel Geld, unzählige Follower und damit «Ansehen» haben, beeindrucken die Mädchen. Das in der Pubertät so fragile Selbstbild ist einem ständigen Wettbewerb ausgesetzt.

Das Erschreckende ist, die Mädchen packen richtig zu, klatschen mit voller Wucht ins Gesicht – mit der flachen Hand, aber auch mit Fäusten. Und sie treten zu, wenn das andere Mädchen bereits am Boden liegt. Das haben wir alles schon gesehen, auf Handyvideos oder in der Realität, wenn wir von uniformierten Kollegen hinzugerufen wurden. Begleitet werden die Schlägereien von kräftigem Haareziehen und lauten Schreien. Nicht selten haben wir Situationen vorgefunden, bei denen sich andere Jugendliche um die Streitenden versammeln und den Kampf mit dem Handy filmen. Also ähnlich wie bei den Jungs.

Bei der Gewalt unter Mädchen sind die Gründe allerdings andere als bei den männlichen Kids. Es geht meist um Neid, Eifersüchteleien, die für Erwachsene kaum nachzuvollziehen sind. Oft steht der Look, das stylischere Aussehen im Fokus: Wer hat die schöneren Schuhe? Oder: Wer hat die besser gemachten Fingernägel? Die tolleren Haare? Es wird um Freundinnen gestritten, darum, wer besser bei Jungs ankommt, wer das coolere Tanzvideo auf TikTok hochgeladen hat. Letztlich sind all diese Dinge Äußerlichkeiten. Diese Konflikte werden nach einer Schlägerei noch weiter «öffentlich» ausgetragen, etwa in WhatsApp-Gruppen. Jeder bekommt mit, über wen sich lustig gemacht wird. Wer die Verhasste, wer das gemobbte Opfer ist, wer nicht mehr lange die Schönste sein wird, weil es wieder Schläge geben wird.

Die Auslöser wirken banal. Aber für die Mädchen, die wir in unseren Vierteln betreuen, sind das echte Gründe, um ein anderes Mädchen zu hassen und sich mit ihr zu schlagen. Um Mädchengewalt zu verstehen, muss man wissen, dass die Jugendlichen, die sich richtig übel zurichten können, nicht selten in irgendeiner Form in Beziehung zueinander stehen! Manchmal sind es sogar Freundinnen, die eine Art Hassliebe verbindet.

Bei den Jungs geht es eher um Macht, um männliches Gehabe, darum, wer der Stärkere ist. Vergleichbar ist aber bei beiden Geschlechtern die in ihnen rumorende Wut. Eine Menge Wut. Die Wut tragen unsere Täter und Täterinnen gleichermaßen in sich. Eine typische Aussage, wenn wir die Mädchen nach geschehenen Körperverletzungen befragen, lautet: «Sie hat mich so wütend gemacht, dass ich sie schlagen musste. Die hat doch drum gebettelt. Wenn ich wütend bin, dann habe ich mich nicht im Griff.» Oder: «Die hat einen Freund, ich aber nicht. Ich hasse die so.»

Im Unterschied zu vielen Jungen können die Mädchen mir oft sehr genau sagen, was sie wütend gemacht hat und wie groß die Wut ist. Auch, woher sie kommt und die damit enthemmte Gewalt. Nach meinen Erfahrungen schlagen sich Mädchen, weil auch sie wie die Jungs auf der Suche nach Anerkennung, Wertigkeit und Interesse sind. Das Schlagen ist ein Ventil. Irgendwo muss die Wut ja hin. Die wenigsten von ihnen sind in Sportvereinen oder haben Hobbys. Zudem findet zu Hause wenig statt, Gespräche mit den Eltern sind selten, einen regelmäßigen Austausch gibt es nicht. Familienausflüge haben Seltenheitswert. Und in vielen Familien spielen die Mädchen keine große Rolle. Nicht nur, weil die Mutter, der Vater oder beide zu sehr mit sich selber beschäftigt sind, auch weil Jungs oft einen anderen, höheren Stellenwert haben.

Regelmäßig führen wir Hotspot-Kontrollen durch. Dann suchen wir Orte auf, die als Schwerpunkte für gewalttätige Auseinandersetzungen unter Jugendlichen bekannt sind. Bei einem solchen Einsatz haben wir im Spätsommer einmal drei Mädchen im Alter von zwölf bis vierzehn Jahren in der Hafencity kontrolliert. Die Hafencity von Hamburg ist ein besonders beliebter Treffpunkt bei den Jugendlichen. Die drei Mädchen, von denen zwei auffällig aufgespritzte Lippen hatten, hingen den ganzen Nachmittag an der hiesigen U-Bahn-Station herum, um aufreizende Tanzvideos zu veranstalten und zu filmen.

Wir sagen dazu beim Jugendschutz, dass sich die Jugendlichen «selber produzieren». Und meinen damit, dass sie den ganzen Tag mit Handys herumhängen, ihren Followern mitteilen, wo sie sind, was sie machen, wie sie sich gerade fühlen – und nebenbei wird noch ein bisschen getanzt, was auch wieder dokumentiert und hochgeladen wird. Mit wem die Posts und Videos geteilt werden? Letztlich kann sie jeder einsehen und kommentieren. Aus diesem Grund ist die «Selbstproduktion» der jugendlichen Mädchen problematisch, denn die Reaktionen können sehr verletzend und traumatisierend sein. Zuerst stacheln sie sich noch gegenseitig an, daraus entsteht ein permanenter Wettstreit darüber, wer das beste Tanzvideo postet, die schicksten Klamotten präsentiert, den besten Lifestyle hat. Was sie dabei oft vergessen: Jeder, der es wissen möchte, kann herausfinden, wo sich ein Mädchen gerade aufhält und wo man es vielleicht abpassen kann. Das ist gefährlich, wir hatten deswegen bereits Straftatdelikte wie die einer versuchten Vergewaltigung.

Während unserer Kontrolle in der Hafencity fragten wir nun die drei Mädchen, ob wir einmal einen Blick in ihre Handtaschen werfen könnten. Wir durften. In ihren Taschen befanden sich Dutzende lange Fingernägel.

«Wieso habt ihr so viele Fingernägel, die sind ja in rauen Mengen in euren Taschen?», fragten wir.

«Die haben wir gerade gekauft», erklärten sie einhellig.

Dann fanden wir allerdings heraus, dass sich die Mädchen die Taschen bei einem Billig-Klamotten-Laden damit vollgestopft hatten. Diebstahl. Die Mädchen gaben das zu, und wir brachten sie anschließend zu ihren Eltern. Wir trafen nicht alle an. Aber bei dem Mädchen, bei der die Mutter zu Hause war, warfen wir einen Blick in das Kinderzimmer. Statt eines altersgerechten Jugendzimmers standen wir inmitten eines Beauty-Salons. Auf den Anrichten und Regalen lagen unzählige lange Fingernägel, unechte Wimpern, Strasssteinchen, Haarteile und Schminke in allen Farben. Als wäre das die Welt. Doch genau darum dreht es sich im Alltag bei vielen Mädchen, denen wir begegnen. Wegen dieser Dinge wird geklaut und gestritten.

Der Mutter erklärten wir: «Ihre Tochter hat durch den Diebstahl eine Straftat begangen, für die sie aber mit ihren zwölf Jahren strafrechtlich nicht belangt werden kann.»

Die Mutter wirkte wenig beeindruckt und entgegnete: «Das ist dann ja kein Problem.» Außerdem würde Melina ohnehin regelmäßig klauen, anders könne sie sich den ganzen «Kram» in ihrem Zimmer nicht erklären. «Sie kriegt Taschengeld, aber nur unregelmäßig, und das ist auch nicht sonderlich viel.»

Eine Patentlösung hatten wir nicht, aber wir boten der Mutter an, dass wir wiederkommen könnten, wenn sie Interesse an einem weiteren, intensiveren Gesprächstermin hätte. So könnte sie vielleicht verstehen, warum Melina in so jungem Alter regelmäßig klaut. Die Mutter sah aber leider keinen Anlass dafür. Sie sagte, sie wolle nicht, dass wir uns in ihr Leben einmischen. In einem solchen Fall sind uns die Hände gebunden. Was wir dann aber trotzdem machen: Wir sprechen die Mädchen immer wieder an ihren Hotspots an, um eine Beziehung aufzubauen. Wir geben sie nicht auf. Das spüren die Mädchen auch. Zumindest einige von ihnen. Außerdem erhält das Jugendamt einen Bericht. In dem auch steht, dass die Mutter nicht kooperieren möchte.

Durch meine Arbeit habe ich beobachtet, dass Mädchen, die sich in kleineren Gruppen zusammentun, nicht als klassische «Gang» agieren. Eher ist es eine Art loser Zusammenschluss. Dennoch ist eines der Mädchen die Stärkste, also die Dominanteste, um die sich die anderen scharen. Das sind dann die Mitläuferinnen, die zu der Stärksten aufsehen, für die sie im Zweifelsfall auch klauen und zuschlagen. Oder die Taten ihres Idols filmen. Durch all das versuchen die Mitläuferinnen, aber ebenso das dominante Mädchen, ihren Selbstwert zu steigern.

Ich selbst war Gründungsmitglied einer Gang, da war ich sechzehn und damit strafmündig. Wir nannten uns zuerst «Steps» und dann später «Der Club der Zwanglosen», und meine Strafmündigkeit hielt mich nicht davon ab, erste Straftaten zu begehen. In meinem Fall Körperverletzung. Wir waren etwa fünfzehn Heranwachsende und «knüpften» uns die reichen Schnösel vor. Konkret: Wir schlugen uns mit den Jugendlichen aus dem reichen Blankenese und verprügelten sie. Damals nannten sich diese Jungs «Popper» oder wurden so genannt. Sie waren unsere Hassobjekte, unsere Blitzableiter für unsere Wut und die ständige Suche nach Anerkennung innerhalb unserer Gang. Im Grunde genommen war der «Club der Zwanglosen» auch so etwas wie meine Ersatzfamilie. Meine Mutter war mit ihrem neuen Lebenspartner ständig unterwegs, mein adoptierter Bruder und ich hatten kaum noch Kontakt und mein leiblicher Vater aus Italien war nicht an meiner Existenz interessiert. Eine richtige Familie hatte ich somit nicht. Bei den «Zwanglosen» fand ich die Gemeinschaft, die Aufmerksamkeit, die ich zu Hause vermisste. Ich begann mit Diebstählen, frisierte mein Mofa und ballerte mit einer Gaspistole in die Luft. An einem Silvesterabend versuchte ich sogar, einem Typen den Hut vom Kopf zu schießen. Das sind Szenen, die mich durchaus an die Silvesternacht 2022/2023 in Berlin-Neukölln erinnern. Allerdings haben wir nie Rettungskräfte oder Polizisten angegriffen. Das hat heute ein anderes, ein deutlich gewalttätigeres Level erreicht. Damals empfand ich meine Taten als Spaß, was sicher in vielfacher Weise ebenso bei den Jugendlichen heute zutrifft. Dennoch, die Wahrheit ist, dass auch wir gewaltbereit waren. Ich war früher all das, was ich heute bei den Jugendlichen versuche zu verhindern: ein Straftäter zu werden.

Charleen – auf dem Weg zur Freiheitsstrafe

Schwere Jungs – umgangssprachlich nennt man so Männer mit einer großen kriminellen Energie und Typen, die im Knast landen, wenn sie so weitermachen. Diese Bezeichnung beschreibt, ein wenig romantisiert, Menschen, die Verbrecher sind, Straftaten begehen und zum Schutze der Allgemeinheit weggesperrt gehören. Jemanden wegzusperren, also zu inhaftieren, ist das letzte Mittel, über das ein Rechtsstaat verfügt. Es ist das schärfste Schwert der Justiz: die Freiheitsstrafe! Und sie kommt bei Jugendlichen nur in den schlimmsten Fällen zum Tragen.

So wie bei Charleen. Sie galt als ein «schweres Mädchen». Als Kräftigste und Dominanteste verbreitete sie am Jungfernstieg Angst und Schrecken. Dort kamen Charleen und ihre Mitläuferinnen zusammen und hingen herum. Mit anderen Worten: Der Jungfernstieg, eine Flaniermeile an der Binnenalster, war ihre Basis, ihr Spielplatz und der Ort, an dem sie sich tagein, tagaus bis in die späten Abendstunden aufhielten. Die Mitläuferinnen verehrten Charleen geradezu. Sie schlug andere Mädchen, die nicht zu ihrer Gruppe gehörten, zog sie ab. Sie war erst dreizehn, noch keine vierzehn, damit war sie strafunmündig, das wusste sie. Aber ich bezweifle, dass härtere Strafen sie davon abgehalten hätten, Taten zu begehen. In ihrer Akte gab es rund vierzig Einträge. In der Regel beging sie Diebstahl, Raub und Körperverletzungen. Raub bedeutet, dass man einem Geschädigten mit Gewalt Sachen entwendet.

Mit ihren knallroten Lippen, dem starken Make-up und den optisch überzeichneten Augenbrauen sah Charleen wie eine Volljährige aus. Sie kleidete sich extrem aufreizend, bauchfrei, ließ die Spitze ihres BHs in weiten Ausschnitten aufblitzen und pushte ihr Dekolleté. Durch ihr lautes und aggressives Auftreten fiel sie schon aus der Ferne auf. Man hörte sie, bevor man sie sah.

Als wir auf sie aufmerksam wurden, hatten uniformierte Polizeikräfte ihr bereits Platzverweise erteilt. Sie prallten an ihr ab. Charleen suchte sich immer wieder den Jungfernstieg für ihre Taten aus. Gerade die zahlreichen U-Bahn-Zugänge verschafften ihr viele Möglichkeiten, schnell abzuhauen. Und mit den Security-Leuten in der Europa Passage, einem großen Einkaufszentrum, das an der Binnenalster liegt, versuchte Charleen immer wieder anzubändeln. Sie machte den Security-Typen schöne Augen. Mal mit Erfolg, mal ohne. Gerade die jungen Männer fühlten sich durch ihre Anmache geschmeichelt. So konnte sie Hausverbote umgehen. Falls nicht, spielten Charleen und ihre Mädchen-Gruppe mit der Security Katz und Maus quer durchs Einkaufszentrum.

Kollegen aus einer anderen Dienststelle erzählten Helge und mir, dass man Charleen eigentlich nicht ansprechen könne, jedenfalls hätte man mit einer verbalen Eskalation zu rechnen. Ein Grund mehr, sie anzusprechen, dachten wir – und gingen in die Offensive.

«Ich bin Herr Westphal vom Jugendschutz der Polizei. Wir kennen uns ja noch nicht, aber ich glaube, du bist Charleen. Zum Rauchen bist du noch zu jung. Kannst du bitte mal deine Zigarette ausmachen», sagte Helge, als wir sie vor der Europa Passage entdeckten.

Charleen fuhr sofort hoch, so nennen wir es, wenn jemand schnell aggressiv wird. In einer extrem kodderigen Art antwortete sie, sodass Helge ihrer fliegenden Spucke beim Sprechen ausweichen musste: «Was willst du denn von mir, Bulle? Ich muss gar nichts. Das geht dich gar nichts an, ob ich rauche. Ruf doch meine Mutter an – oder verpiss dich.»

Natürlich waren das gleich mehrere Beleidigungen. Aber mit einer polizeilichen Ingewahrsamnahme kommt man bei solchen Fällen nicht weiter. Unser

Ziel und unsere Aufgabe war es ja, den Ort, an dem sie sich aufhielt, wieder sicher zu machen. So sicher, dass Hamburger und Touristen hier gern flanieren und einkaufen, ohne von Charleen angemacht oder im schlimmsten Fall geschlagen oder beraubt zu werden.

Wir versuchten, mit ihr in einen Dialog zu kommen. Autoritär, nicht auf Kumpel-Ebene. Denn Charleen brauchte und wollte keine Kumpelschaft mit uns. Sie brauchte eine klare Ansprache und Regeln. Letzteres war etwas, das bei ihr zu Hause bereits aufgegeben worden war. Auf der Straße kamen wir aber mit ihr nicht weiter. Sie machte zwar inzwischen die Zigarette aus, wenn sie uns sah, aber Charleen war immer wieder in Schlägereien verwickelt. Ein trauriger Höhepunkt ihrer kriminellen Laufbahn war ihre Beteiligung an einer Schlägerei, bei der ein Sicherheitsmann eines Kaufhauses an einem Herzinfarkt starb. Der Mann verstarb zwar ohne Fremdeinwirkung, aber die Situation mit den Jugendlichen hatte womöglich zu dem Herzinfarkt geführt (das zu beurteilen war dann die Angelegenheit der Kriminalpolizei und der Gerichtsmedizin). Aber: Charleen war dabei gewesen, wenn auch nur als Zuschauerin. Aus unserer Sicht reichte das aus, um unter Hochdruck an ihr dranzubleiben.

Wir vereinbarten mit Charleens Mutter einen Termin zum Norm- und Hilfegespräch. Dabei erfuhren wir, dass Charleen ihrer Mutter im Streit, der zu einer körperlichen Auseinandersetzung führte, eine Rippe

1980: Meine Gang, der «Club der Zwanglosen». Wir fühlten uns unbesiegbar.

1993: Tagsüber Familienvater, abends undercover auf der Reeperbahn. Mit der Frisur ging ich auf dem Kiez als Zuhälter durch.

1979: Ciao ragazzi. Mein Kumpel und ich auf der Suche nach meinem Vater in Italien.

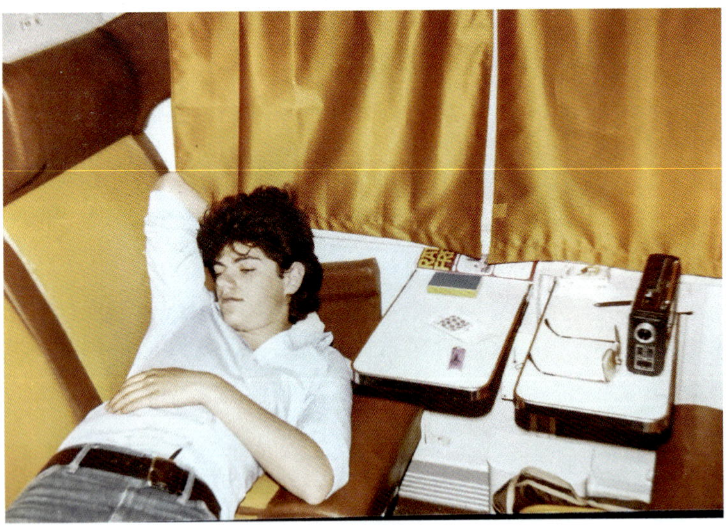

1982: Auch ein Rastloser braucht Rast. Das Bild ist während meines Interrail-Trips durch Europa entstanden.

1968: Zeit, Zärtlichkeit, Zuneigung. Meine alleinerziehende Mutter und der fünfjährige Jens Mollenhauer in Italien.

1968: Gleiches Jahr, gleiches Blut. Mein Vater und ich in Italien. Es sind die einzigen Bilder von uns beiden.

1986: Endlich bei der guten Gang. Stolz wie Oskar nach bestandener Polizeiausbildung.

1983: Nach der Prügelei mit den «Streetboys» löschte ich mein Feuer im Bauch mit Sport.

1984: Die Kaffeetassen gibt’s heute noch. Ich als angehender Polizist an der Akademie der Polizei in Hamburg.

2021: Mein Kollege Helge Westphal und ich.

2021: Helge bei der Arbeit.
Diesmal mit Mütze statt Barett.

2022: Zuhören, diskutieren, verstehen.
Unsere tägliche Arbeit.

gebrochen hatte. Allerdings nicht mit Absicht, wie die Mutter beteuerte. Das änderte aber nichts daran, dass bei Charleen vieles, um nicht zu sagen alles, aus den Fugen geraten ist. Ihr Vater verließ die Familie und kehrte wieder in seine Heimat nach Griechenland zurück. Ihre zwei Halbgeschwister lebten bei einem anderen Vater und nicht bei der gemeinsamen Mutter. Auch hier gab es keine Verbindung, keine Familie.

Wie so oft zeichnete sich das Bild einer maßlosen Überforderung ab. Die Mutter von Charleen hatte aufgrund der vielen Streitereien und körperlichen Auseinandersetzungen Angst vor ihrer eigenen Tochter. Bei unserem Gespräch mit ihr tauchte Charleen mit einer halben Stunde Verspätung auf. Woher sie kam, ließ sie offen. Fragen dazu und das «Hallo» ihrer Mutter ignorierte sie komplett. Kaugummikauend, am Handy spielend und völlig genervt saß sie vor uns. Auf unsere Nachfrage, warum sie so häufig in Delikte mit Körperverletzung verwickelt sei, reagierte sie nur bedingt. Charleen zuckte mit den Achseln, machte keine Anstalten, den Kopf zu heben, und schnalzte mit der Zunge. Was wohl so viel wie «keine Ahnung» ausdrücken sollte. Unsere Versuche, über ihre Wut und deren Ursache zu sprechen, quittierte sie mit den Worten: «Kann ich jetzt endlich gehen?»

Ihre Mutter ließ alles unkommentiert laufen. Ihr Blick durchbohrte die vor ihr stehende Kaffeetasse, als würde sie dort eine Antwort auf unsere Fragen finden. Wir beendeten nach knapp einer Stunde das Gespräch.

Das Gute an diesem Besuch war allerdings, dass uns Charleen nunmehr auf dem Schirm hatte. Sie wusste genau, wer wir sind und dass wir nun in Kontakt mit ihrer Mutter standen. Und das Wichtigste: Wir haben sie gewarnt, denn wenn sie vierzehn wird, würde sie strafmündig sein.

Doch nichts fruchtete bei ihr. Wir kamen nicht an sie ran. Belehrungen und Gespräche auf der Straße ließen sie unbeeindruckt zurück. Ihr Standing innerhalb der Mädchen-Gruppe war unangefochten, und mit jeder weiteren Tat oder versuchten Tat wuchs der Respekt in ihrem Umfeld. Charleens Mutter war verzweifelt, trotz der Hilfestellungen vom Jugendamt. Regelmäßig erschien ein Mitarbeiter vom Amt, um die Familie zu betreuen. Aber wen sollten sie betreuen? Charleen war sowieso meistens nicht zu Hause.

Die Monate vergingen und Charleen wurde vierzehn. Und wie vermutet: Die Strafmündigkeit hielt sie nicht davon ab, weitere Delikte zu begehen. So klaute sie in einem Sportbekleidungsgeschäft mehrere Trainingshosen und teure Tops. Während sie zusammen mit zwei ihrer Mitläuferinnen und der Beute den Laden zu verlassen versuchte, wurde sie von einer Detektivin auf den Diebstahl angesprochen. Die Frau bat die Mädchen, die Taschen zu öffnen. Charleen reagierte mit einem Faustschlag in das Gesicht der Detektivin.

Diese wehrte sich, und es entstand ein Gerangel, das nur durch das Herbeieilen weiterer Ladendetektive beendet werden konnte. Fakt war nun: Das Maß war voll und Charleen strafmündig.

Der in Hamburg bekannte Jugendrichter Johann Krieten (inzwischen ist er im Ruhestand), tauschte sich mit uns aus. Er wollte, dass ihren Taten eine sofortige Konsequenz folgte. «Da muss jetzt etwas passieren», waren seine Worte. Und es passierte etwas, das man bei einer gerade einmal Vierzehnjährigen höchst selten tut: Es wurde ein Unterbringungsbeschluss ausgeschrieben. Wie ein Haftbefehl ist auch dieser eine freiheitsentziehende Maßnahme. Charleen wurde nun, es war 2020, mit einem solchen Beschluss gesucht, und wir waren diejenigen, die sie ausfindig machen mussten.

Richter Krietens Absicht war es, Charleen in der Jugendgerichtlichen Unterbringung (JGU) einzuquartieren. Das ist eine Einrichtung, die gerade einmal neun Plätze für Jugendliche im Alter von vierzehn bis achtzehn Jahren zur Verfügung hat. In ganz Hamburg! Letztlich ist es wie eine Jugendwohnung mit einer umfassenden und intensiven Betreuung und sehr gut ausgebildetem Personal. Mit Therapie-Möglichkeiten und einem Heranführen an etwas, das man ein normales Leben nennen könnte, mit einer Ausbildung und einem geregelten Tagesablauf. Verlassen dürfen die Jugendlichen die Unterbringung nur nach vorheriger Erlaubnis ihrer Betreuer und Betreuerinnen. Wenn sie ohne Absprache verschwinden, wandern sie in die richtige Haft, in die U-Haft. Somit ist die JGU ein Schritt vor dem Knast.

Für Charleen war jetzt auf jeden Fall Schluss, denn wir suchten nach ihr per richterlichem Unterbringungsbeschluss. Ein beklemmendes Gefühl, wenn man die Polizeibrille abnimmt: Ein Mädchen, das in ihrem Alter eigentlich noch von den Eltern behütet und beschützt sein sollte, suchten wir jetzt, um die Öffentlichkeit vor ihr zu schützen. Das hat uns alle nicht unberührt gelassen. Wir Jugendschützer sind fast alle selbst Eltern, haben Kinder großgezogen oder sind noch dabei. Es kann an uns nicht spurlos vorbeigehen, wenn die Zukunft anderer Kinder krachend gegen die Wand gefahren oder es nie eine Zukunft für sie geben wird.

Um Charleen zu finden, fuhren wir zu einer Wohnung im Hamburger Stadtteil Sternschanze, wo eine Freundin von ihr wohnte. Den Tipp hatten wir «von der Straße». «Jede Wette, Charleen ist nicht da. Die lungert doch tagsüber entweder in Billstedt oder der Innenstadt rum», nahm ich an.

«Wart mal ab. Vielleicht ist ja ihre Freundin da. Und die kann Charleen dann anrufen. Vielleicht kommen wir über sie an Charleen ran», entgegnete Helge gelassen.

Aus den vielen Jahren Zusammenarbeit mit ihm

habe ich gelernt, seiner Intuition zu trauen – auf sie ist Verlass.

Die Freundin war zu Hause, und wir sagten, dass wir mit Charleen sprechen müssten. Es sei ernst, erklärten wir. Die Freundin gab zu, dass Charleen zum Wäschewaschen und auch sonst oft zu ihr kommen würde. Sie ließ uns hinein, und wir verschanzten uns im Wohnzimmer. Kurz darauf traf Charleen auch schon ein. Doch bereits im Flur hatte sie den «Braten gerochen». Sie merkte an dem Verhalten ihrer Freundin, dass etwas nicht stimmte. Als sie uns dann kurz erblickte, flüchtete sie augenblicklich durch den Wohnungsflur in Richtung Treppenhaus und quer über den Innenhof. Wir rannten ihr hinterher, und Helge stellte sie im Torbogen.

«Charleen, bleib stehen», rief er. «Das macht doch keinen Sinn, was du hier veranstaltest.»

Charleen, hochaggressiv, stieß alle denkbaren Beleidigungen und Drohungen aus. «Wenn du mich anfasst, fick ich dich.» Das war nur einer ihrer Einschüchterungsversuche. Dann trat sie nach einer Kollegin, die uns begleitet hatte, und verfehlte sie nur knapp. Helge warf der Kollegin einen Blick zu, und blitzschnell brachten die beiden die Tobende zu Boden. Es ging nicht anders. Körperlich zu agieren ist immer das letzte Mittel bei unserer Arbeit, aber mit Worten konnten wir nicht mehr auf Charleen einwirken. Spätestens jetzt war uns klar, dass sie zu den Personen gehörte, die keinen Gedanken daran verschwendeten, was für Konsequenzen ihr Handeln haben könnte.

Die ersten Fenster im Innenhof öffneten sich, und die Leute begannen sofort und ohne zu wissen, worum es ging, uns drei in Zivil gekleidete Polizisten anzupöbeln. Zigarettenstummel wurden aus höheren Stockwerken geschnipst. Ein Pappbecher flog hinterher. In diesem Stadtviertel haben es Polizisten nicht leicht, egal ob in Uniform oder in Zivil, besonders bei Maßnahmen gegen Jugendliche oder Menschen mit Migrationshintergrund – von außen betrachtet und ohne Wissen um die eigentlichen Geschehnisse sah das erst mal unverhältnismäßig aus: zwei Polizisten, die sich auf eine Vierzehnjährigen werfen. Doch die Lage drohte zu kippen, deshalb riefen wir Verstärkung. Mit der Unterstützung von uniformierten Beamten wollten wir eine mögliche Gefangenenbefreiung und Angriffe auf uns verhindern.

Die Verstärkung – sechs Streifenbeamte – war schnell vor Ort. Wir sahen zu, dass wir ohne weiteres Aufsehen und noch mehr Geschrei von Charleen den Innenhof verlassen konnten und führten sie zu unserem zivilen Polizeiauto. Von der Schanze brachten wir sie direkt in die Jugendgerichtliche Unterbringung. Dort wartete man bereits auf sie. Wir waren froh, dass wir sie wohlbehalten an die Einrichtung übergeben konnten. Damit war unsere Arbeit getan. An der Türschwelle der JGU endete unser Aufgabenbereich und auch unsere Kompetenz. Natürlich vergaßen wir eine junge Straftäterin wie Charleen nicht, wir hatten sie weiterhin auf dem Radar. Immerhin konnte sie die Einrichtung unerlaubt verlassen ...

Zunächst war Charleen für fünf Monate aus dem Verkehr gezogen, das war die Strafe, die sie zu verbüßen hatte. Wobei die erzieherische Jugendarbeit und die Resozialisierung in der JGU im Fokus stehen.

Die Monate vergingen, es war inzwischen Februar 2021, und die Jugendlagen passten sich dem Wetter an. Draußen war es trüb und nasskalt, zudem gab es Corona-Auflagen. Anfang 2021 galt an allen Bahnhöfen Maskenpflicht, im Freien herrschte ein Alkoholverbot. Diese Gegebenheiten waren für viele Jugendliche nicht besonders attraktiv, weswegen die üblichen Treffpunkte weniger frequentiert wurden. Nichtsdestotrotz suchten wir diese Spots auf, irgendwer hielt sich dort immer auf.

Helge und ich waren mal wieder am Jungfernstieg unterwegs, liefen auf dem schönen Platz mit den Treppen am Wasser unsere Runden und sahen in den U-Bahn-Katakomben nach. Wir wollten gerade wieder die unterirdischen Gänge unter der Alster verlassen, als wir Folgendes hörten, Mädchen-Sprech, eine uns bekannte Stimme.

«Nein. Ich hab dir doch gesagt, die machen nix.»

«Gib her. Ich scheiß drauf, soll er doch beweisen, dass ich keine Maske aufhatte.»

Helge und ich drehten uns um und gingen die wenigen Stufen wieder herunter. Da stand sie. Charleen, umgeben von ihren Mädchen, alles vertraute Gesichter. Worum es in dem knappen Dialog ging: Charleen wollte den Mädchen demonstrieren, dass sie kein Problem damit hätte, trotz der Maskenpflicht im U-Bahnhof zu rauchen. Und dass die Security sowieso nicht eingreifen würde.

Wir sprachen Charleen an. Unser vollstreckter Unterbringungsbeschluss lag acht Monate zurück.

«Hallo, Charleen. Die Fingernägel werden ja auch immer länger. Wie geht es dir, gehst du wieder zur Schule oder machst du eine Ausbildung?»

Charleen schnalzte. Dieses Mal war es ein nettes Schnalzen, dabei sah sie zur Seite, mit halb verdrehten Augen. Wir deuteten es als Lächeln, im Sinne von: «Okay, du hast recht. Stimmt schon.»

«Ja, ich geh wieder Schule», sagte sie. «War echt gut da in der JGU. Die waren richtig nett. Die waren streng, aber das war gut. Auch mit dem Rausgehen und so. Ich durfte ab und zu meine Mutter besuchen.»

«Wie geht es denn deiner Mutter?»

«Alles okay. War halt scheiße, was passiert ist. Ich bereue das auch und will viele Fehler nicht noch mal machen.»

«Klingt gut, also keine Schlägerei mehr? Versprochen? Und willst du nach der Schule eine Ausbildung machen?»

«Ja, ich hab ja so 'ne Art Bewährungshelfer, und das Jugendamt ist auch immer wieder da. Ich will auf jeden Fall 'ne Ausbildung machen. Weiß aber noch nicht, was.»

Danach zogen die Mädchen weiter.

Charleen genießt durch ihren Unterbringungsbeschluss nach wie vor ein hohes Ansehen bei ihren Mitläuferinnen. Sie war aber keine Gefahr mehr auf der Straße. Wir konnten ihr nur noch wünschen, dass das Erlebnis in der JGU noch lange Nachwirkungen hat und sie weiterhin auf einem besseren Pfad ist als vorher. Gern hätten wir sie an den Hotspots gar nicht mehr gesehen, aber so einfach funktioniert das nicht. Manchmal ist es ein längerer Prozess. Das Wichtigste aber war, dass Charleen nicht mehr straffällig wurde, und nach unserer Kenntnis geschah das bislang auch nicht.

«Hoffentlich hat sie immer jemanden an ihrer Seite, dem sie sich anvertrauen kann. Denn mit jeder weiteren Tat, mit jedem weiteren Opfer verliert sie die Chance auf ein normales Leben», sagte Helge.

Ich nickte und steckte meine Hände in die Jackentaschen. Es war ein sehr kalter Tag.

9

Hotspots – wo es eskaliert

Wo Jugendliche aufeinandertreffen, gibt es häufig Stress. Jugendlagen lassen sich nicht eindeutig vorhersagen. Es gibt aber Faktoren, die sie begünstigen. In jeder Stadt, egal wie groß oder klein, kann man sie ausmachen. Gemeint sind Orte, an denen sich Jugendliche bevorzugt treffen, Party machen und *eskalieren*, wie sie selbst sagen. Eskalieren bedeutet für die meisten, einfach zu feiern und eine gute Zeit zu haben, mit fortschreitendem Konsum von Drogen und Alkohol aber auch Druck und Anspannung. Meistens liegen diese speziellen Orte zentral, sie sind also aus allen Teilen der Stadt gut erreichbar und damit an den öffentlichen Nahverkehr angebunden. In meinem Dorf mitten in der Lüneburger Heide ist das der Busbahnhof, in Hamburg der Bereich rund um die Innenstadt.

Marktplätze, Einkaufspassagen und Bahnhöfe bieten häufig optimale Voraussetzungen, um sich als Jugendlicher dort aufzuhalten. Sie sind nicht selten überdacht, und es gibt gratis WLAN. Das ist ein entscheidender Punkt. Denn neben dem Konsum von Alkohol und Drogen spielt auch das Smartphone als ständiger Begleiter eine entscheidende Rolle. Jugendliche schicken sich gegenseitig Fotos und Videos, produzieren TikToks oder Reels für Instagram. Das führt dazu, dass schnell das kostbare Datenvolumen aufgebraucht ist. Deshalb bietet das öffentlich zugängliche WLAN nonstop Internet für lau.

Ein weiterer Punkt ist das Licht. Jugendgruppen scheuen helles Licht. Je dunkler und schummriger, desto besser. Das Gefühl, unbeobachtet zu sein, sorgt dafür, dass sich Jugendgruppen häufig an schlecht beleuchteten Orten treffen.

Das nächste Kriterium für das perfekte Soziotop ist das Ambiente. Denn auch Jugendliche mögen es schick. Wasser hat eine magische Anziehungskraft. Seen und Flüsse sind beliebt, aber auch Parkanlagen. Sie sind schlecht einsehbar, mäßig bis gar nicht beleuchtet, weitläufig – fertig ist der Treffpunkt.

Die von mir beschriebenen Hotspots sind auf ziemlich jede Stadt und jedes Dorf anwendbar. Zwar verfügt nicht jeder Ort über einen Binnensee mitten im Stadtzentrum wie etwa Hamburg, doch die Jugend nimmt, was da ist. In Köln ist es die Gegend rund um die Domplatte, in München der Gärtnerplatz und in Braunschweig sind es die engen Gassen im Stadtzentrum.

Ein weiterer Faktor ist der Zugang zu Alkohol und anderen Drogen. In Bahnhofsnähe gibt es immer einen Supermarkt oder Kiosk, der Alkohol verkauft. Zwar darf der nicht an Minderjährige ausgegeben werden, aber in solchen Gruppen ist meistens schon jemand über sechzehn oder achtzehn und kann Schnaps und Bier besorgen. Minderjährige Mädchen haben es oft noch leichter. Sie machen volljährigen Jungs schöne Augen, und im Handumdrehen ist der Billigwodka besorgt und wird wahlweise mit Energydrinks, Sprite oder Orangensaft gemischt.

Bars und Clubs haben für Jugendliche wenig Reiz. Hier ist zum einen die Altersbeschränkung beim Ausschank von Alkohol ein Hindernis, zum anderen der Preis. Während ein Wodka-Energy-Getränk mindestens sieben Euro kostet, gibt es den Fusel vom Discounter zum Schnäppchenpreis. Aus diesem Grund finden sich auf der Hamburger Reeperbahn so gut wie keine Jugendlagen, das Umfeld ist nicht attraktiv genug. Außerdem herrscht dort Waffenverbot. Die Kids, die wir beobachten, tragen gern mal Messer, Reizgas und Elektroschocker mit sich herum, bei Kontrollen auf dem Hamburger Kiez würde das Ärger bedeuten. Im Schutze der Anonymität eines Bahnhofsvorplatzes verspielt sich das – und so entsteht ein explosives Gemisch aus Alkohol, Drogen, gegenseitigem Imponiergehabe und grundsätzlicher Gewaltbereitschaft.

Die jugendlichen Gruppen werden noch durch eine weitere «bereichert»: die Autoposer. Sie sind nicht nur ein Großstadtphänomen. Denn während in Neubrandenburg der tiefergelegte Golf mit abgesägtem Auspuff den Gaffern imponieren soll, ist es in Hamburg der Mercedes CL 500 der Hip-Hopper von 187 Strassenbande. Das ist ein klischeehaftes Beispiel, aber lange Zeit kurvten in der Innenstadt tatsächlich Sportwagen der Luxusklasse immer wieder im Kreis. Alles eine riesige Show. Die Autoposer geben mit ihren Wagen an, haben ihre Instagram-Profile auf ihr Fahrzeug geklebt und warten nur darauf, dass die Mädels sie anschreiben und die Jungs sie für ihre krassen Schlitten abfeiern. So läuft's von Flensburg bis Freiburg. Und wir als Jugendschützer mittendrin. Es klingt wie der ganz normale Wahnsinn, aber Jugendlagen können schnell zu einem echten Problem für die Sicherheit eines gesamten Stadtviertels werden. So wie am Jungfernstieg.

Schwieriges Pflaster Jungfernstieg

Was die Kö in Düsseldorf, der Ku'damm in Berlin und die Maximilianstraße in München sind, ist der Jungfernstieg in Hamburg. Eine Flaniermeile, an die sich noch zahlreiche teure Boutiquen in den Seitenstraßen reihen, dazwischen das Alsterhaus, ein nobles Traditionskaufhaus. Besucher und Hanseaten bringen hier Geld unter die Leute. Das Rathaus ist einen Steinwurf entfernt, und die Binnenalster liegt dem Jungfernstieg zu Füßen. Die Binnenalster ist ein künstlich angelegter See mitten in der Innenstadt, der gleichzeitig das Ende des gleichnamigen Flusses markiert. Um die Binnenalster herum befinden sich Hotels, die Kunsthalle, Anwälte haben hier ihre Büros, und der Hauptbahnhof ist in Spuckweite. Es ist der Dreh- und Angelpunkt der Stadt.

Der Name «Jungfernstieg» kommt übrigens daher, dass hanseatische Kaufleute ab dem 17. Jahrhundert ihre unverheirateten Töchter an Sonntagen ausführten, um nach geeigneten Heiratskandidaten Ausschau zu halten. Das Schaulaufen ist bis heute geblieben, doch es hat sich verändert. 2011 hat sich Apple mit einem gigantischen Flagship-Store am Jungfernstieg niedergelassen. Will man die Entstehung des Gewaltschwerpunkts Jungfernstieg zeitlich einordnen, dann markiert die Eröffnung dieses Stores den Beginn. Plötzlich gab es WLAN im öffentlichen Raum, damals ein Novum. Wer sich also nah genug am Apple Store aufhielt, konnte gratis surfen. In der Zeit der aufkommenden Smartphones und der damals recht hohen Kosten für mobiles Internet war dies für viele Jugendliche ein Geschenk.

Doch der Jungfernstieg war zu dieser Zeit in die Jahre gekommen. Der Blick auf die Alster war wenig attraktiv, das änderte sich 2014, als der Platz vor der Binnenalster mit breiten Betonstufen und rollbaren Sitzbänken versehen wurde – direkt gegenüber vom Apple Store. Endlich konnte man sich hinsetzen und die Aussicht auf die berühmten Alsterschwäne und die Alsterschiffe genießen. Der perfekte Ort für Jugendgruppen war geschaffen.

Es folgte gesellschaftspolitisch ein schwieriges Jahr. Krieg in Syrien, der «Islamische Staat», Terroranschläge in Paris. Zuerst, im Januar, bei der französischen Satirezeitung *Charlie Hebdo*, anschließend im November im Konzertsaal Bataclan. Flüchtlingskrise, Balkanroute, ertrinkende Menschen im Mittelmeer.

Die entsprechenden Bilder haben sich in mein Gedächtnis eingebrannt, denn sie haben auch unmittelbar etwas mit dem Jungfernstieg und mit meiner Arbeit zu tun: Unter den vielen Menschen, die aus ihren Heimatländern flohen, waren jede Menge Kinder und Jugendliche. Minderjährige, unbegleitete Flüchtlinge. So hat unter anderem die Polizei sie damals genannt. Eine schwer zu erfassende Gruppe, da ihre Herkunftsländer, von Afghanistan bis Marokko, teilweise viele Tausend Kilometer auseinanderliegen. Es gab damals wenig, was diese jungen Menschen einte, außer der Flucht vor Krieg und damit die traumatisierenden Erfahrungen, Gewalt und Armut. Einige von ihnen dienten sogar als Kindersoldaten, bevor sie ihr Land verließen. Sie alle versprachen sich ein besseres Leben in Deutschland.

Oft aber scheiterte ihre Integration, sie fristeten ein Dasein in Notunterkünften, ohne Perspektiven, ohne psychologische Hilfe, ohne soziale oder kulturelle Angebote. Die Jugendlichen wurden sich selbst überlassen. Das und die vielen kulturellen Einflüsse, verschiedenen Glaubensrichtungen und Ethnien haben dazu beigetragen, dass sich am Jungfernstieg eine Situation entwickelte, die außer Kontrolle zu geraten drohte. Aber der Reihe nach.

Kurz nachdem die Alsterterrassen am Jungfernstieg 2014 fertiggestellt waren, entwickelte sich der Ort zum Treffpunkt für Jugendliche und Heranwachsende mit migrantischem Schwerpunkt. Auch Kinder und Jugendliche aus Billstedt fuhren mit der U-Bahn regelmäßig zum Jungfernstieg, um den Tag an der Alster zu verbringen, Freunde zu treffen, abzuhängen. Man gelangt über ein unterirdisches Tunnelsystem direkt vor die Europa Passage. Schon seit jeher waren die Katakomben ein Treffpunkt für Jugendliche, wenn es draußen regnete. Aber auch der Schutz vor der Polizei und neugierigen Blicken anderer Passanten sorgten dafür, dass sich Jugendliche gern in den Treppenabgängen tummelten.

Auf der anderen Seite der Alster säumen einige Bäume und eine kleine Wiese das Gewässer, sie werden von Radwegen durchzogen. Fast ein bisschen ländlich wirkt es dort, und Jugendliche ziehen sich hierhin zurück, um Drogen zu konsumieren. So wussten wir, wo wir unsere Kids finden konnten.

Ein Phänomen, das 2015 seinen Anfang nahm, ist das *Cornern.* Heranwachsende und auch Erwachsene trafen sich regelmäßig in der ganzen Stadt und machten sich belebte Straßenzüge zu eigen. In den Nebenstraßen der Reeperbahn saß man dann auf dem

Bordstein mit zwanzig, dreißig anderen Leuten, trank Alkohol vom Kiosk und hörte laut Musik. Fast ein wenig spanisch. Das Leben fand draußen statt. Mit Beginn der Flüchtlingskrise veränderte sich das aber plötzlich. Geflüchtete Jugendliche aus Erstaufnahmeeinrichtungen erkannten schnell den Jungfernstieg als zentralen Treffpunkt und strömten scharenweise in die Innenstadt. Das veränderte das Stadtbild komplett.

Für uns war das eine Herausforderung. Denn wir können unsere Arbeit nur dann verrichten, wenn wir die Kids kennen. Wenn wir wissen, woher sie kommen, welche Schule sie besuchen und ob sie bereits aktenkundig sind. Das war allein aufgrund der Sprachbarriere bei den geflüchteten Jugendlichen nicht möglich. Viele von ihnen sprachen Arabisch oder einen der vielen arabischen Dialekte (das Arabisch in Marokko oder in Afghanistan unterscheidet sich zum Beispiel sehr). Kurzum, wir standen vor einem echten Problem. Wir hatten schlicht nicht die Möglichkeiten, an die jeweiligen Gruppen heranzukommen.

Die Lage an der Alster spitzte sich schnell zu. Wurde es dunkel, gerieten die unterschiedlichen Gruppen regelmäßig aneinander. Es kam zu Raubdelikten, Messerstechereien und Vergewaltigungen. Mir ist ein Ereignis aus dem Sommer 2016 im Kopf geblieben, bei dem ich selbst vor Ort war. Ein uniformierter Kollege fuhr auf seinem Polizeimotorrad an den Alsterterrassen vorbei, als plötzlich eine Schlägerei zwischen zwei

Gruppierungen losbrach. Er stieg ab und wollte den Streit schlichten. Plötzlich änderte sich die Dynamik. Beide Parteien verbündeten sich und gingen auf den Beamten los, der gerade mit der Personenkontrolle starten wollte.

Er forderte Verstärkung an, und glücklicherweise waren wir in der Nähe. Wir formierten uns im Kreis um den Kollegen mit gezücktem Reizgas und Schlagstöcken, um zu verhindern, dass er weiter angegriffen wurde. Die Situation war brenzlig. Ich selbst hätte wohl von vornherein anders gehandelt. Als einzelner Beamter in einen solch aufgeheizten Block hineinzugehen, kann schnell gefährlich werden. Zwar ist meine Waffe das Wort, wie ich schon erwähnte, aber immer nur dann, wenn es die Situation erlaubt und sie kontrollierbar ist. Das war hier nicht der Fall. Es ging darum, den Kollegen zu schützen, notfalls auch durch den Einsatz körperlicher Gewalt.

Am Ende wurde ein Jugendlicher festgenommen und zahllose Platzverweise wurden ausgesprochen.

Nach diesem Vorfall war klar, dass sich etwas am Jungfernstieg ändern musste. Zunächst mit einer ständigen Präsenz der Bereitschaftspolizei. Diese fuhr dort regelmäßig ab 20 Uhr in Gruppenstärke auf. Doch die hohe Polizeipräsenz war keine Dauerlösung. Ein Touristenmagnet wie der Jungfernstieg wirkt durch Polizeipräsenz für Besucher eher abschreckend. Die Stadt versuchte es zunächst mit Sozialarbeitern, die mit den einzelnen Gruppen ins Gespräch kommen sollten. Doch schnell zeigte sich, dass sie nicht zu den Jugendlichen vordringen konnten. Sie standen vor demselben Problem, vor dem auch wir Jugendschützer standen. Wo anknüpfen? Aus welchen Jugendlichen setzten sich die jeweiligen Gruppen zusammen? Die Stadt kam nicht weiter. Die Meldungen in der Presse häuften sich. Vom «Angstraum Jungfernstieg» war beispielsweise in der Zeitung *Die Welt* zu lesen. Der Jungfernstieg wurde nach Geschäftsschluss zur No-go-Area erklärt.

Das alles trug sicher dazu bei, dass die Stadt einsah, dass etwas gründlich geändert werden musste. Wir Jugendschützer kannten das Lagebild ziemlich genau, da wir fast täglich hier unterwegs waren. Wir schrieben unzählige Berichte, die zu den Leitern der betroffenen Kommissariate und dem Landesjugendbeauftragten der Polizei wanderten, Hamburgs oberstem polizeilichen Jugendschützer. Mit diesem recht prekären Lagebild trafen sich nun die obersten Behördenvertreter, um darüber zu beraten, wie die Situation in den Griff zu bekommen war. Vielleicht zwanzig Leute kamen da zusammen. Schreibtischtäter, die die Lage nur aus der Zeitung kannten. Und dann ich als Leiter des Jugendschutzes.

Irgendwann sollte ich meine Einschätzung abgeben, und ich sprach darüber, was gerade am Jungfernstieg passierte. Aus der Praxis für die Praxis. Wie wir mit unserer Arbeit bei den Jugendlichen auf Granit bissen. Wie die Gewaltexzesse mehr und mehr zunahmen. Dass wir als Polizei von den Jugendlichen nicht ernst genommen wurden, dass wir erst mit Hundertschaften der Bereitschaftspolizei für Ruhe sorgen konnten. All das trug ich vor.

Nach diesem Treffen wurde ein Gremium aus Experten gegründet. Das ITK war geboren, das Institut für transkulturelle Kompetenz. Das Gremium bestand aus Professoren und Kriminologen, die sich mit dem Personenkreis der Geflüchteten auskannten. Sie wussten um die Fluchtgründe vieler Jugendlicher und kannten die Gepflogenheiten ihrer Herkunftsländer. Und das half enorm. Ich lernte etwa, dass einige Personengruppen dazu neigen, schnell laut zu werden. Das ist aber in dem Fall nicht als Form von Aggression zu interpretieren, sondern ist ein typisches Verhalten innerhalb ihrer Kultur.

Das ITK kam außerdem zu dem Schluss, dass die Jugendlichen rasch gelernt hätten, dass von uns als Polizei keine große Gefahr ausgehen würde, jedenfalls verglichen mit der Polizei aus ihren Herkunftsländern, die oft repressiv und unter Einsatz von Tränengas und Gummigeschossen arbeiten würde. Die eher zurückhaltend und bürgernah agierende Hamburger Polizei würde als unterlegen und schwach wahrgenommen. Von uns erteilte Platzverweise würden sie ignorieren, da man sie als Ausdruck von Hilflosigkeit ansah. Und mit der Zunahme an geflüchteten Jugendlichen würde der Konflikt mit der Polizei zusehends als Machtprobe verstanden.

Unter dem Strich war die Einschätzung durch das Gremium ziemlich dramatisch. Es wurden verschiedene Maßnahmen beschlossen, um wieder die Kontrolle über die Situation zu erlangen. Unsere Aufgabe als Jugendschutz war es zunächst, sämtliche Personalien der vielen jungen Erwachsenen festzustellen. Aber nicht im Sinne einer Personenkontrolle – eine weitere Eskalationen sollte vermieden werden –, sondern im Rahmen von deeskalierenden Hintergrundgesprächen. Dazu stellte uns die Stadt Dolmetscher an die Seite, die die jeweiligen Muttersprachen beherrschten. Diese Dolmetscher waren Jugendliche im ähnlichen Alter wie die Migranten, mit ähnlicher Herkunft, die uns ein Entree verschaffen sollten, um mit den Personengruppen ins Gespräch zu kommen.

Unsere Arbeit zeigte Wirkung. Dieses Beispiel macht klar, wie wichtig es ist, wenn unterschiedliche Institutionen Hand in Hand arbeiten, möglichst unbürokratisch vorgehen und unkonventionelle Wege einschlagen.

Gemeinsam mit dem ITK konnten wir sogenannte Problemkreise ausmachen. Also Kinder, Jugendliche und heranwachsende männliche Flüchtlinge, die sich mit minderjährigen, meist deutschen Mädchen abgaben. Viele von diesen kamen aus sozial schwachen Verhältnissen, auch aus Billstedt. Im Schnitt waren sie zwischen zwölf und vierzehn Jahre alt.

In Zusammenarbeit mit dem ITK konnten wir beobachten, dass die jungen Mädchen mit den männlichen Flüchtlingen anbandelten. Einige von ihnen fielen dadurch auf, dass sie während unserer Gespräche mit den Flüchtlingen störten und für Unruhe sorgten. Sie empfanden es als unfair, dass wir die Jungs kontrollierten oder sie darauf hinwiesen, ihre Musikboxen leiser zu drehen. Wir wurden durchaus lautstark von ihnen angefeindet. Wir hatten den Eindruck, dass sie «ihre» Jungs beeindrucken oder beschützen wollten. Um ihnen zu gefallen, um ihnen ihre Liebe zu zeigen, aber auch, um Anerkennung zu bekommen. Nur: Die jungen Männer hatten nicht immer die besten Absichten. Es gab viele Anzeigen durch minderjährige Mädchen wegen versuchter Vergewaltigung in dieser Zeit. Es fand aber auch einvernehmlicher Sex statt. So wussten wir, dass einzelne Mädchen sich öfter in Flüchtlingsunterkünfte schmuggelten. Ich benutze bewusst das Wort «schmuggeln», denn Besuch von außen war in einigen Unterkünften streng verboten. Insbesondere weiblicher Besuch führte immer wieder zu Stress unter den jungen Männern, der sogar in blutigen Streitereien enden konnte.

Selina war eines der Mädchen, das immer wieder für jede Menge Ärger am Jungfernstieg sorgte. Sie diskutierte lautstark mit den Polizeibeamten, wenn ihr Freund, ein junger Afghane mit reichlich Vorstrafen, von uns kontrolliert wurde. Wir beobachteten, dass sie mit ihm in einer festen Beziehung war und sich wie eine Löwin vor ihn stürzte, wenn wir die Gruppen ansprachen.

An einem späten Abend nahm ich sie in einem passenden Moment beiseite und versuchte etwas mehr über sie zu erfahren. Selina war dreizehn und kam aus dem Stadtteil Steilshoop in die Innenstadt gefahren. Steilshoop hat neben viel Grün und einem schönen See auch zahlreiche trostlose Plattenbauten zu bieten. Durch einen internationalen Architektenwettbewerb wurde 1969 der Grundstein für einen riesigen Beton-Lindwurm mit vierzehn Stockwerken gelegt. «Urbanität durch Dichte» war der Leitsatz der Stadtplaner. Heute lebt dort jeder vierte Erwachsene von Sozialhilfe oder Bürgergeld. So wie Selinas Mama.

«Wegen ihrer Psyche findet meine Mutter keinen Job. Sie meint, der Streit mit meinem Erzeuger und ihrem neuen Freund, das geht bei ihr so auf die Psyche», erzählt mir Selina. Sie würde zwar immer wieder ihre Mutter unterstützen, im Haushalt «und so», aber irgendwie mache in der Wohnung jeder «sein Ding». Selina berichtete mir zudem, dass sie deswegen auch so schnell wie möglich ausziehen möchte, damit sie nicht mehr so gestresst ist.

Ein ziemlich trauriges Bild, wenn eine Dreizehnjährige ihr Zuhause nur noch als Stress empfindet. Ich erzählte Selina von meinen Töchtern, als sie in einem ähnlichen Alter waren, und davon, dass auch bei mir zu Hause nicht immer alles perfekt lief. Manchmal interessiert es die Jugendlichen und sie horchen auf, wenn man ihnen zu verstehen gibt: «Hey, schau her. Wir machen alle Fehler. Keine Familie ist perfekt.»

Selina nahm meine Ausführungen zur Kenntnis. Mehr nicht. Mein Eindruck war, dass sie viel zu sehr mit sich selbst beschäftigt war, als dass sie sich darauf einlassen wollte. Zum Schluss bat ich sie, unsere polizeilichen Kontrollen nicht mehr zu stören, und ich bot ihr an, sie könne sich auch jederzeit mit einer weiblichen Kollegin vom Jugendschutz vor Ort austauschen. Offensiv brachte ich eine Kollegin in Spiel, weil Mädchen bei sehr persönlichen Dingen manchmal in Frauen bessere Ansprechpartnerinnen sehen.

Selina suchte keinen weiteren Kontakt zu uns, aber sie störte unsere Ansprachen auf dem Jungfernstieg auch nicht mehr. Es vergingen Monate, in denen wir sie am Jungfernstieg nicht entdeckten. Dafür allerdings ihren Freund Ashraf, jedoch in neuer Mädchen-Begleitung. Was völlig in Ordnung war – junge Leute wechseln nun mal häufiger die Partner. In meinen Gang-Zeiten ließ ich auch nichts anbrennen.

Wir sprachen Ashraf an und fragten, ob er wüsste, wie es Selina ginge. Ein Freund von ihm ergriff das Wort, weil Ashraf sich schwertat, uns zu antworten. Vielleicht wegen seiner neuen Freundin oder weil er sich schämte. Darüber konnten wir nur mutmaßen. Wir erfuhren, dass Selina von ihm schwanger sei, beide aber längst getrennt wären.

Wo die junge Mutter lebte, sollten wir einige Monate später erfahren. Das Jugendamt hatte ein Amtshilfeersuchen an den Jugendschutz gestellt, mit anderen Worten: Wir sollten das Jugendamt bei ihren Maßnahmen begleiten. So ein Gesuch erhielten wir immer dann, wenn eine Unterstützung vonseiten der Polizei nötig ist. Dazu gehört auch, dass die Mitarbeiter des Jugendamtes uns über den Fall in Kenntnis setzen. In Hamburg wird dies mit Zivilbeamten gehandhabt, in anderen Bundesländern gehen uniformierte Beamte mit.

In dem konkreten Fall war es so, dass das Jugendamt unsere Unterstützung brauchte, weil das Baby einer Jugendlichen in einer Mutter-Kind-Einrichtung in Hamburg in Obhut genommen werden musste. Tatsächlich handelte es sich bei der Mutter um Selina. Sie hatte inzwischen ihr Baby zur Welt gebracht, bei dem wir davon ausgingen, dass Ashraf der Vater war. Zwischen den beiden Jugendlichen bestand kein Kontakt, und Selina wohnte auch nicht mehr bei ihrer Mutter. Da sie minderjährig war und es wohl Bedenken gab, dass sie den Säugling allein gut versorgen könnte, kam sie seinerzeit in einer Mutter-Kind-Einrichtung unter. Dort fiel sie auf, weil sie sich nicht an die Regeln des Hauses hielt. Die inzwischen Fünfzehnjährige empfing wechselnde Männer und wurde dabei erwischt, wie sie nachts das Haus verlassen hatte und ihr Baby alleine zurückließ. In den Details stecken wir als Jugendschützer nicht drin, das ist Sache des Jugendamts. Aber an diesem Tag ging es darum, dass Selinas Baby in die Obhut des Jugendamtes gehen sollte. Das ist wohl das Schlimmste, was einer Mutter passieren kann. Und auch für uns war es ein Dienst, der in Erinnerung bleiben sollte – solche Einsätze sind nicht an der Tagesordnung. Aus diesem Grund empfinde ich es auch als problematisch, wenn bei derartigen Einsätzen drei bis fünf uniformierte Polizeibeamte, ohne Erfahrung mit Jugendarbeit, das Jugendamt begleiten. Es erweckt sofort den Eindruck einer Festnahme!

Aus einem anderen Bundesland ist mir zu Ohren gekommen, dass uniformierte Kräfte, als eine ähnliche Situation ausartete, eine Mutter zu Boden gebracht haben. Und das, obwohl die junge Frau ihr Kind auf dem Arm hatte! Natürlich hatte sich die Jugendliche gewehrt, sie hatte eine andere Auffassung davon gehabt, ob sie ihr Kind gut oder schlecht versorgt, und keinesfalls wollte sie es verlieren. Streifenbeamte haben in der Regel keine Erfahrung mit Jugendarbeit und im Zweifel auch keine Zeit, in einen intensiven und empathischen Dialog zu gehen. Auch wir Jugendschützer, siehe den Fall von Charleen, müssen bisweilen körperlich agieren, aber das Gespräch steht immer und zuallererst im Vordergrund unserer Arbeit – gerade in einer solchen sensiblen Situation wie nun bei Selina.

Bei Selina waren die Mitarbeiterinnen des Jugendamts mit der Mutter-Kind-Einrichtung im Austausch, so war sichergestellt, dass wir die junge Mutter auch antreffen würden. Nie werde ich die Schreie, die Selina ausstieß, vergessen, als eine Mitarbeiterin des Jugendamts ihr eröffnete, dass sie ihre Tochter in ihre Obhut übergeben müsse, sie möge doch bitte die Sachen für das Baby zusammensuchen. Es waren markerschütternde Schreie. Sie versuchte, ihre Zimmertür zuzudrücken und sich mit dem weinenden Baby zu verschanzen.

In dieser Situation bat ich darum, dass Helge und ich kurz alleine mit Selina sprechen konnten, bevor die Mitarbeiterinnen des Jugendamts ihr Zimmer betraten. Sie stimmten zu. Im Gespräch mit Selina erklärten Helge und ich, dass sie die Mutter sei und es natürlich auch bleibe, aber dass es jetzt das Beste für ihr Baby wäre, wenn sie erst einmal ihr Leben ordnen würde.

«Es ist für dein Baby gefährlich, wenn du es nachts alleine lässt, um zu feiern oder Freunde zu treffen», erklärte ich. «Die Betreuer der Einrichtung haben dich im Vorfeld mehrmals ermahnt. Sollte sich dein Verhalten nicht bessern, wird man dir das Baby wegnehmen müssen. Du hast deine Tochter immer wieder alleine gelassen. Deshalb soll sie jetzt in eine Pflegefamilie kommen.»

Weil wir Selina vom Jungfernstieg kannten, hatten wir einen gewissen Vertrauensvorschuss bei ihr. Sie wurde ruhiger und brach schließlich weinend zusammen. Ich legte meine Hand auf ihre Schulter und erzählte ihr ungefragt, ob sie sich daran erinnere, dass ich auch Papa sei. Ohne ihre Antwort abzuwarten, fuhr ich fort.

«Ich habe als Papa auch nicht immer alles richtig gemacht, manchmal braucht es Raum und Zeit, und dann wächst man als Familie wieder zusammen. Du bist noch so jung, gib dir und deiner Tochter Zeit.» Schließlich fügte ich noch mahnend hinzu: Sie müsse fortan dem Jugendamt unter Beweis stellen, dass sie dieser Verantwortung auch gewachsen sei. «Verstehst du das?»

Selina verstand und gab zu, dass sie eigentlich noch ihre Jugend genießen wolle und gerade einen neuen Freund hätte. Einen, mit dem es «richtig ernst» sei.

Immerhin konnten wir mit unserer Anwesenheit die Lage beruhigen, und ich war im Nachhinein sehr froh darüber, dass niemand der Mutter mittels körperlichen Einsatzes das Kind vom Arm nehmen musste. Selina überreichte uns, nachdem wir alles in Ruhe besprochen hatten, ihre drei Monate alte Tochter und packte die Babysachen zusammen. Wir blieben so lange an ihrer Seite, bis die Jugendamtsmitarbeiterinnen das Baby sicher im Auto untergebracht hatten und Selina meinte, dass sie uns nicht mehr brauche.

Solche Geschichten zeigen mir die ganze Bandbreite von Hilflosigkeit und Verzweiflung, sie sind das Gegenteil von Wut. Und sie zeigen, wie wichtig es ist, einen Draht zu den Jugendlichen zu haben. Wir hatten Selina in einem ihrer schlimmsten Momente beistehen können – was eigentlich die Aufgabe ihrer Eltern gewesen wäre.

10

Shisha-Bars und Einsätze in Einkaufszentren

Unsere Hotspot-Kontrollen finden nicht nur im öffentlichen Raum statt. Wir checken auch Orte, an denen wir Jugendliche vermuten, die sich dort nicht aufhalten dürfen, und bei denen wir davon ausgehen, dass sie auf viele Minderjährige einen negativen Einfluss haben. Dazu gehören Shisha-Bars. In Hamburg gibt es – wie in vielen anderen Städten auch – unzählige davon, die meisten nennen sich «Lounge», sind schummrig beleuchtet und bieten orientalische Wasserpfeifen an, die mit feuchtem Tabak geraucht werden. Oft ist dieser Tabak gestreckt oder illegal importiert, also ohne dass der Zoll ihn inspiziert hat. Diese Bars verfügen oft über eine unzureichende Belüftungsanlage, sodass in diesen Läden regelmäßig ein zu hoher Kohlendioxid- oder gar Kohlenmonoxidgehalt herrscht. Das geruchslose Gas kann im schlimmsten Fall tödlich sein. Das wissen aber die Gäste oft nicht – und viele Betreiber ebenso wenig. Und auch geht so mancher von ihnen fahrlässig mit der Gesundheit seiner Gäste um: Ich erinnere mich noch an eine Shisha-Bar, die eigentlich vom Verbraucherschutzamt geschlossen worden war, in der wir aber

Gäste entdeckten, als wir zufällig dort vorbeikamen. Wir gingen rein – und entdeckten in der Mitte des Raumes einen riesigen Holzkohlegrill, auf dem Grillbriketts erhitzt wurden. Wer in einem geschlossenen Raum einen Kohlegrill erhitzt, begibt sich in absolute Lebensgefahr.

Alles in allem sind Shisha-Bars nicht unbedingt das richtige Umfeld für Jugendliche und Heranwachsende. Deshalb darf man sie auch erst ab achtzehn betreten.

Wir Jugendschützer haben gleich mit ihrem Aufkommen angefangen, sie ins Visier zu nehmen. Ich erinnere mich noch an meine erste größere Kontrolle. Es war ein sogenannter Verbundeinsatz, ein Einsatz gemeinsam mit dem Ordnungsamt, dem Zoll, dem Finanzamt und mit uniformierter Polizei. Nach einer kurzen Lagebesprechung fuhren wir mit mehreren Mannschaftswagen in großer Besetzung bei zuvor ausgewählten Bars vor – und die Uniformierten stürmten rein. Keiner durfte den Laden verlassen, bis wir mit unseren Maßnahmen durch waren. Wir nennen das *Einfrieren*. Jede Behörde unternimmt Kontrollen auf ihrem jeweiligen Gebiet.

Wir gingen also in die Bars hinein und arbeiteten uns von Tisch zu Tisch vor.

«Moin. Mollenhauer vom Jugendschutz. Seid ihr denn schon achtzehn?» Ich blickte in acht erstaunte Gesichter. Mädchen und Jungen. Es war wahnsinnig schwer, vom Äußeren festzustellen, ob die Angesprochenen bereits volljährig waren oder nicht. Besonders bei den Mädchen war das kaum auszumachen, sie waren so perfekt geschminkt, bestimmt so wie ihre Vorbilder auf YouTube.

Stummes Nicken bei allen. Einige nickten merklich verhalten, andere souveräner. Nur wenige schauten mich direkt an. Jetzt war ich mir ziemlich sicher, dass nicht alle volljährig waren. Ich verlangte die Personalausweise.

«Hab ich vergessen», sagte eines der Mädchen.

«Ja, ich auch.» Zwei weitere Mädchen pflichteten ihr schnell bei. «Seid ihr Geschwister?», fragte ich die Mädchen. «Ihr seht euch ziemlich ähnlich.»

Erneutes Nicken.

«Gut. Dann schreibt mal jede von euch das eigene Geburtsdatum auf einen Zettel. Ich frage euch dann gegenseitig ab.»

Die Mädchen rissen die Augen auf. Damit hatten sie nicht gerechnet.

«Okay, ich bin nicht volljährig.»

Ihre Freundin pflichtete ihr abermals bei. Nur die Dritte blieb bei ihrer Version. Sie war anscheinend tatsächlich achtzehn. Die Jungs hatten sich vornehm zurückgehalten.

«Dann kommt mal mit mir. Ihr dürft hier nicht sein.»

Mit der Gruppe ging ich vor die Tür, wo ich ihre Personalausweise kontrollierte. Am Ende waren vier Personen aus der Gruppe erst fünfzehn, der Rest war volljährig.

Ich rief ihre Eltern an. «Mollenhauer von der Polizei Hamburg, ich habe hier Ihre Tochter neben mir stehen.»

«Die ist mit ihrer Schwester unterwegs», erwiderte die Mutter wie aus der Pistole geschossen.

«Wir haben sie in einer Shisha-Bar angetroffen. Da darf sie aber erst ab achtzehn rein. Und ich bezweifle, dass solch eine Bar ein gutes Umfeld für Ihre Tochter ist.»

«Sie ist alt genug, das zu entscheiden. Ihre Schwester passt auf sie auf. Sie waren wohl nie als Jugendlicher unterwegs», entgegnete die Mutter.

Da war sie wieder. Die Gleichgültigkeit, die ich bei meinen Einsätzen so häufig bei Eltern antreffe. Ich konnte sie nur registrieren, nichts dagegen ausrichten.

Bei den minderjährigen Mädchen, die mit ihren volljährigen Geschwistern unterwegs waren, durften diese sie nach Hause begleiten. Alle anderen, die noch nicht achtzehn waren, ließ ich von ihren Eltern abholen.

Am Ende des Abends zogen wir insgesamt vierzig Jugendliche allein aus dieser einen Bar. Da es bereits spät war, erreichten wir nicht alle Eltern. Was bedeutete, dass wir die Jugendlichen nach Hause bringen mussten. Das band natürlich enorm Personal und kostete Zeit. Aber der Einsatz blieb nicht folgenlos. Den Betreiber der Bar erwartete ein empfindliches Bußgeld, da es seine Pflicht ist, die Ausweise der Jugendlichen zu kontrollieren. Dadurch dass wir diese Kontrollen anfangs in hoher Schlagzahl durchführten, treiben sich inzwischen deutlich weniger Minderjährige in Shisha-Bars herum.

Dimi und seine Gang

Gerade in sozialen Brennpunkten sind Einkaufszentren oder die unmittelbare Umgebung von ihnen ein Hotspot von Jugendgewalt. Die Einkaufszentren selbst sind für Kids eine große Spielwiese. Es gibt viele Geschäfte, auch hier gibt es kostenlos WLAN, diese Orte sind überdacht, warm und weitläufig. Das schon erwähnte Billstedt Center ist eines von ihnen, mit einer breiten Fußgängerbrücke ist es an die U-Bahn-Station Billstedt angeschlossen. Ich bin häufig dort, auch gern in meiner Mittagspause, denn ich schätze die vielen türkischen und libanesischen Imbisse.

Nach Schulschluss dient das Center vielen Mädchen und Jungen als Treffpunkt. Seit einiger Zeit gibt es hier jedoch regelmäßig Stress. Ladenbetreiber beschweren sich über eine Gruppe von vier Kids, alles Jungs, die regelmäßig durch Diebstahl auffallen und in den Zugängen zum Parkhaus randalieren. Alle sind zwischen elf und zwölf Jahre alt. Immer wieder zertrümmern sie die Deckenpaneele mit einem Fußball. Die vier Jungen leben in einer gefährlichen Symbiose. Trifft man sie einzeln, kann man vernünftig mit ihnen sprechen und sie zeigen sich einsichtig. Sind sie aber zu viert unterwegs, droht Ärger. Als sie einmal im Center randaliert haben und vom Sicherheitspersonal verscheucht wurden, positionierten sie sich an der großen Kreuzung vor dem Center und versuchten, Autofahrer mit einem Laserpointer zu blenden. Zum Glück war ein Bürgernaher Beamte (die Hamburger Polizei benutzt den Begriff für einen Beamten des besonderen Bezirksdiensts) zufällig in der Nähe und wollte die Jungs festsetzen. Doch diese hatten geklaute E-Roller dabei und konnten abhauen.

Auch diese Kinderbande hat einen Anführer. Dimi, elf Jahre alt. Er ist ein ziemlich schlauer Junge, ständig lässt er sich neuen Mist einfallen. Schon seit einigen Monaten ist er bei uns aktenkundig. Gefährderansprachen führen ins Leere. Meistens ist er eh nicht zu Hause, und seine Eltern begegnen uns mit Achselzucken. Die Familie hat vier Söhne, Dimi ist der Jüngste und wird gern als das schwarze Schaf der Familie hingestellt, dessen Handeln man zwar missbilligt, aber an dem man auch nichts zu ändern vermag. Und so füllt sich seine Akte munter weiter.

Vor Kurzem hat Dimi seiner Mutter das Auto geklaut. Das lief so ab: Er hat sich den Schlüssel genommen, seine drei Kumpel angerufen und dann mit ihnen eine Spritztour unternommen. Seine Fahrkünste reichten allerdings nur von der Haustür bis zur nächsten Kreuzung. Denn als er bei Rot auf die Hauptstraße einbiegen wollte, stieß er seitlich mit einem entgegenkommenden Fahrzeug zusammen. Zum Glück nur ein Blechschaden.

Neben Diebstählen macht Dimi auch durch Körperverletzungsdelikte auf sich aufmerksam. Mehrfach hat er Mädchen auf dem Weg zur Schule aufgelauert und scheinbar ohne Grund auf sie eingeschlagen. Natürlich immer im Beisein seiner Freunde.

Im Viertel kennt man Dimi. Er ist hier aufgewachsen. Hat schon als Sechsjähriger auf der Straße gespielt und vom Inhaber eines Döner-Imbisses eine Capri-Sonne geschenkt bekommen, wenn er vom Kindergarten nach Hause kam. Heute ist er wieder regelmäßig dort. Allerdings nicht, um sich etwas zum Essen zu holen. Mit Anlauf springt er gegen die Scheibe des Imbisses, so lange, bis der Betreiber herauskommt und ihn zur Rede stellen will. In diesem Moment wirft er sich auf den Boden und schreit um Hilfe, bis vorbeigehende Passanten auf ihn aufmerksam werden. In deren Beisein wird dann die Polizei gerufen, und Dimi gibt an, von dem Besitzer des Imbisses geschlagen worden zu sein. Die Polizei schreibt eine Anzeige – gegen den Besitzer des Döner-Ladens. Das ist bislang schon einige Male vorgekommen, immer woanders.

Der Junge ist eine tickende Zeitbombe. Das weiß auch das Jugendamt und hat das Familieninterventionsteam, kurz FIT, eingeschaltet. Das FIT ist eine ambulante Einheit innerhalb des Jugendamts, das sich um besonders schwere Fälle kümmert. Um Kinder und Jugendliche, die durch wiederholte, serienmäßige Gewalttaten auffallen und in deren Familien eine unmittelbare Kindeswohlgefährdung vorliegt. Die Fachkräfte besuchen die Familien, beobachten die Kids und entscheiden, ob das Kind oder der Jugendliche aus der Familie genommen werden soll. Das Entfernen aus der Familie ist eine der härtesten Maßnahmen, die das Jugendamt treffen kann. Bei Dimi fehlt nicht mehr viel.

Den Bürgernahen Beamten in diesem Viertel kenne ich seit einigen Jahren. Wir haben einen sehr guten Kontakt, und er hält mich regelmäßig auf dem Laufenden, was in Billstedt los ist. In Absprache mit ihm initiierten wir einen runden Tisch. An diesem Tisch saßen er, wir vom Jugendschutz, ein Vertreter des FIT und ein Gast. Janko ist ein ehemaliger Strafgefangener und Mitglied eines Vereins, der von einstigen Häftlingen gegründet wurde und straffällig gewordenen Jugendlichen hilft. Seine Mitglieder kennen den Knast, haben selbst eine kriminelle Laufbahn hingelegt und den Weg zurück die Gesellschaft gefunden. Sie setzen sich für die ein, denen eine kriminelle Karriere droht.

Janko ist ein Mann wie ein Baum. Glatze, Stiernacken, tätowiert, so breit wie hoch. Er ist Boxer und unterrichtet pädagogisches Boxen. Bei diesem Antiaggressionstraining mit Jugendlichen wird nicht nur geboxt, sondern auch geredet. In diesen Gesprächen geht es um den Alltag der Kids, ihre Wut, ihre Gefühle. Und Janko ist ein Typ, der Jugendliche erreicht. Er trifft den richtigen Ton. Er schafft die Balance zwischen autoritärem Ex-Knacki und einfühlsamer Vaterfigur. Einer, zu dem die Jungs aufschauen. Einer, den sie akzeptieren.

Und so saßen wir nun um den runden Tisch. Ich habe Janko vorgestellt und unsere Idee vom Boxen vorgetragen. Am Ende haben wir uns auf eine mehrwöchige Probezeit verständigt, um zu sehen, wie sich das pädagogische Boxen auf die Straffälligkeit der Gruppe rund um Dimi auswirkt. Mit großem Erfolg: Janko hat mir berichtet, dass alle vier Jungs regelmäßig zum Training erscheinen. Die Geschichte von Dimi und seinen Freunden zeigte uns wieder einmal, wie wichtig Freizeitangebote für Jugendliche sein können. Die meisten Taten passieren aus Frust und Langeweile.

Schwänzen die Kids in Billstedt nicht gerade den Unterricht, treffe ich sie meistens ab frühem Nachmittag rund um das Einkaufszentrum auf Parkdecks, an den Nebeneingängen und Treppenhäusern. Dort fühlen sie sich unbeobachtet. Dort überlegen sie sich, wem sie den E-Roller abziehen können, in welchen Eingang sie Silvesterböller schmeißen sollen oder von welchem Punkt aus sich am besten Autofahrer mit dem Laserpointer blenden lassen. Hätten diese Jungs ein vernünftiges Hobby, eine Perspektive, Erwachsene, die sie ernst nehmen und sich um sie kümmern, würde all das nicht passieren, da bin ich sicher. Deshalb ist die Empfehlung, Sportvereine oder Jugendhäuser in der Umgebung aufzusuchen, Gegenstand eines jeden Norm- und Hilfegesprächs. Denn letztlich geht es um Struktur, um Halt und vielleicht auch um Hierarchie. Die Jugendlichen lernen, einem Trainer zuzuhören und ihm zu folgen. Sie lernen, was es bedeutet, Regeln beachten zu müssen. Sport setzt Endorphine frei. Es ist ein Ventil für verletzte Gefühle, für Herzgewalt. Und jede Minute, die die Jugendlichen nicht auf der Straße verbringen, hält sie davon ab, weitere Oper zu produzieren.

Aus diesem Grund ist die soziale Arbeit mit den Jugendlichen in den betroffenen Stadtteilen auch so wichtig. Die Freizeitangebote dürfen nicht ins Leere laufen, sie müssen die Jugendlichen abholen. Es bringt nichts, wenn wir ihre Lebenswirklichkeit komplett verleugnen. Sie müssen Bock darauf haben, sich in ihrem Viertel aufzuhalten. In einem mir bekannten Jugendhaus hat der Leiter eine PlayStation angeschafft. Jetzt treffen sich die Kids dort und spielen FIFA. Die oft verteufelte Spielkonsole ist hier genau richtig. Sie sorgt dafür, dass die Jugendlichen nicht irgendwo abhängen, sondern sich im Jugendhaus aufhalten. In einem anderen Haus wurde ein Gebetsraum für muslimische Jugendliche geschaffen.

Voraussetzung ist natürlich, dass die Jugendlichen

die Angebote auch annehmen. Nicht jeder oder jede tut das, aber Dimi hat bewiesen, dass aus einem Intensivtäter zumindest für den Moment ein Jugendlicher geworden ist, der keine Straftaten mehr begeht. Und das ist ein Erfolg. Nicht mit Zwang, sondern freiwillig.

11

Die Rolle der Schulen

Die Dienstzeiten des Jugendschutzes sind gewöhnungsbedürftig. Mein Arbeitstag beginnt auf der Wache meistens um 13 Uhr und geht bis Mitternacht. Als Dienstgruppenleiter verbringe ich viel Zeit damit, Pläne zu schreiben und meine Kollegen für den Dienst einzuteilen. Dann schaue ich mir an, ob wir von der Kripo neue Fälle vorgelegt bekommen haben. «Neue Fälle» bedeutet, dass ein Jugendlicher wieder straffällig geworden ist und entweder ein Norm- und Hilfegespräch oder eine Gefährderansprache durchgeführt und die Kids von uns aufgesucht werden müssen. Darüber hinaus bin ich noch mit dem Lesen von Berichten der Kollegen beschäftigt, um sie für das monatliche Jugendlagebild auszuwerten. Ich trage dazu die mir bekannten Fälle aus unseren Bezirken zusammen und verfasse einen Bericht für den obersten Hamburger Jugendschützer, den Landesjugendbeauftragten des LKA. Das tun alle Dienstgruppenleiter der jeweiligen Dienststellen.

Gegen Nachmittag verlasse ich die Dienststelle und suche gemeinsam mit meinen Kollegen die Jugendlichen auf oder fahre die Hotspots ab, an denen ich Jugendliche vermute, um sie anzusprechen. Unter der Woche entspannt sich die Jugendlage meist gegen 21 Uhr, ich kehre dann zur Dienststelle zurück und halte meine Einsätze schriftlich fest. Der Vorteil an diesen Tagesschichten ist, dass ich meine Vormittage frei nutzen und viel Privates erledigen kann, das ich bei einem frühen Arbeitsstart nicht schaffen würde. Der Nachteil ist, dass ich meine eigene Familie meist erst am Wochenende sehe. Einige meiner Kinder wohnen nicht mehr zu Hause, andere sind noch schulpflichtig, was es meistens unmöglich macht, vormittags Zeit mit meiner Familie zu verbringen. Dafür bleibt also nur das Wochenende.

Irgendwann habe ich mich entschieden, diese Zeit am Vormittag für aus meiner Sicht sinnvolle Tätigkeiten zu verwenden. Ich gehe an Schulen und gebe Trainingseinheiten in Gewaltprävention. Für alle Altersgruppen. Von der Vorschule bis zum Gymnasium. Für Schüler und Lehrer. Von Uelzen bis Cuxhaven, von Neumünster bis Hannover. Mein Einzugsgebiet ist riesig, die Nachfrage ist es auch, meist bin ich ein Jahr im Voraus ausgebucht. Fast jedes Mal bin ich vor meinem Dienst bei der Polizei an einer anderen Schule.

Gewaltprävention findet an Schulen viel zu selten statt. Sozialpädagogen könnten diese Arbeit auffangen, aber es mangelt an geschulten Kräften. Und wenn es mal einen Schulpädagogen gibt, ist der vielleicht in Teilzeit an einer Schule mit über tausend Schülern und Schülerinnen beschäftigt. Das reicht eindeutig nicht aus. Zu viele Kids haben inzwischen psychische Auffälligkeiten, derer man sich annehmen müsste – wäre Personal vorhanden. Diese Arbeit können nicht allein die Lehrkräfte übernehmen. Sie müssen sich schließlich um den Unterricht kümmern und sind oft überfordert, wenn ein Jugendlicher querschießt. Das System Schule sieht kein Netz für diejenigen vor, die durchs Raster fallen. Sie werden nicht aufgefangen, sie werden sich selbst und den Lehrenden überlassen. Mittlerweile ist mein Netzwerk so groß, dass ich teilweise von der Schulleitung persönlich angerufen werde, wenn es an einer Schule wieder Bedarf gibt.

Bei der Gewaltprävention profitiere ich von meiner Arbeit als Polizist. Gleich zu Beginn erkläre ich meinen Beruf. Das sorgt gerade bei den jüngeren Jahrgängen schnell für Respekt. Ich kann von konkreten Fällen aus meinem Polizeialltag berichten, wenn ich den Schülern und Schülerinnen vermittle, wie Gewalt unter Jugendlichen funktioniert. Ich vermittle zudem Werte, die für jedes Kind selbstverständlich sein sollten. Neben Hilfsbereitschaft und Toleranz sollen die Schüler und Schülerinnen den Mut haben, «Stopp» zu sagen. Sie sollen eine eigene Haltung entwickeln, die ihnen hilft, sich Mobbing und Anfeindungen entgegenzustellen. Und ich gebe den Schülern Wertschätzung, die sie manchmal von zu Hause nicht bekommen.

Das Gewaltpräventionstraining findet oft in den Klassenräumen oder Aulas der Schulen statt und gibt mir die Möglichkeit, die Pädagogen und Pädagoginnen der jeweiligen Schulklassen in meinen Unterricht mit einzubinden.

Die Arbeit an Schulen ist nicht bloß Teil meiner täglichen Arbeit, sie ist auch Teil meiner Persönlichkeit. Denn sie hat ihre Ursprünge in einer Zeit, in der ich selbst noch Schüler war. 1979 am Gymnasium in Hamburg-Blankenese.

Meine Reise zu den Indigenen in die USA

Sie hieß Luise und stammte aus Memphis im US-Bundesstaat Tennessee. Ich lernte sie auf einer der zahlreichen Partys bei meinem Freund David im feinen Hamburg-Blankenese kennen. Luise war achtzehn, hatte gerade die Highschool absolviert und war für ein halbes Jahr nach Hamburg gekommen, um mehr über Deutschland zu erfahren. Und dann traf sie auf mich. Wir verstanden uns auf Anhieb und wurden nach wenigen Wochen ein Paar. Den Sommer über verbrachten wir jeden Tag zusammen. Eine Liebe wie ein kitschiger Country-Song.

Schließlich musste Luise zurück nach Memphis. Damals gab es weder Handys noch E-Mails, also hielten wir Briefkontakt. Wir schrieben uns regelmäßig, mindestens einmal im Monat landete ein bunter Air-

Mail-Umschlag in meinem Briefkasten. Viele DIN-A4-Seiten voller Liebesschwüre. Doch ihr letzter Brief, der hatte es in sich. Ich stand kurz vor dem Abitur, und sie erzählte mir, dass in Memphis im kommenden Monat ein großes Klassikkonzert stattfinden würde, bei dem mein Vater als Dirigent das Orchester leiten sollte.

Als ich am nächsten Tag in die Schule ging, teilte ich meinem Direktor mit, dass ich nicht mehr am Unterricht teilnehmen werde, ich wolle nach Amerika. Ich war volljährig, und die zwölfte Klasse hatte ich schließlich geschafft. Das muss reichen, dachte ich. Dass man die Schule nicht so einfach «kündigen» könne, versuchte mir der Direktor noch zu erklären, doch ich war im Kopf schon längst woanders, saß im Flieger in die USA, ins Land der unbegrenzten Möglichkeiten.

Ganz ähnlich teilte ich meiner Mutter meine Entscheidung mit, die mich für verrückt erklärte, aber an meinem Entschluss auch nichts ändern konnte. Ich suchte ein Reisebüro auf, besorgte mir ein One-Way-Ticket nach Memphis – und zwei Tage später landete ich zuerst in New York. Von dort ging es weiter in Elvis Presleys Heimatstadt. Damals wie heute ist Memphis eine Musikmetropole. Alles, was Rang und Namen hatte, nahm dort in den Studios seine Platten auf. Und mittendrin im Musik-Eldorado sollte sich nun auch mein Vater aufhalten. Der italienische Dirigent. Jetzt sollte es klappen. Jetzt wollte ich ihn ansprechen.

Vor Ort erlebte ich jedoch gleich zu Beginn die erste

Enttäuschung. Luise hatte inzwischen einen neuen Freund. Ich konnte nicht bei ihr übernachten, und sie wollte plötzlich auch nicht mehr mit mir zum Konzert. Also ging ich ohne sie.

Das Konzert fand unter freiem Himmel in einem Baseballstadion statt. Viele Besucher sahen aus, als wären sie direkt einem Western entsprungen. Stiefel mit Sporen und mit Schlangenhaut überzogen, lange Haare, Kotletten, Hüte aus Kuhleder, Fliegerbrillen. Konföderationsflaggen, Stars and Stripes überall. Der verlangsamte, vernuschelte Südstaatenakzent machte es mir mit meinem Schulenglisch nicht gerade leicht, mich zu unterhalten. Kurzum, ich war in der Menge hoffnungslos verloren.

Inmitten all der Menschen versuchte ich, nach vorne an die Bühne zu gelangen. Eine gefühlte Ewigkeit später hatte ich mich bis zur ersten Absperrung gearbeitet. Ich stand leicht seitlich zur Bühne und hatte einen direkten Blick auf den Konzertgraben. Und plötzlich stand er da. Mein Vater. Jedenfalls war ich mir ziemlich sicher, dass er es war. Ich hatte ihn ja nur einmal gesehen, zusammen mit David in Italien.

Und nun stand er da. Uns trennten keine drei Meter. Ich konnte ihn fast von hinten berühren. Ich hätte einfach nur seinen Namen rufen müssen, und er hätte sich umgedreht. Aber ich kniff. Ich konnte es nicht. Zu groß war die Angst, dass er mich nur irritiert ansah, sich in meinen Gesichtszügen nicht erkennen würde.

Dass er sich wegdrehen würde ohne eine einzige Reaktion. Dass er mir als seinem Sohn nicht in die Augen blicken würde. Also ließ ich es. Wieder einmal. Es war das letzte Mal, dass ich meinen Vater sah.

Das Konzert erlebte ich wie in Trance. Ich versuchte, mich abzulenken. Stellte mich in die hinteren Reihen, und plötzlich war dieses Mädchen neben mir. Sie sah anders aus als der Rest der Festivalbesucher. Tiefschwarzes Haar, mandelförmige Augen und gebräunte Haut. Sie lächelte mich an. Ich lächelte zurück. Mir fiel ihre große Kette mit Federschmuck ins Auge. Dann begriff ich. Sie war eine Indigene. Eine Chickasaw. Eine Ureinwohnerin Amerikas. Schon immer wurden indigene Völker in den USA diskriminiert und unterdrückt. Anfang der Achtzigerjahre noch schlimmer als heute. Sie wurden behandelt wie Ausgestoßene, ähnlich wie Schwarze Menschen. Sie wurden in Reservate gesperrt, und als «Ausgleich» wurden ihnen die Rechte am streng limitierten Glücksspiel zugesprochen. Viele von ihnen tranken oder nahmen Drogen. Sie wohnten in eigenen Communitys, abgegrenzten Bereichen, in denen sie unter sich waren. Das letzte Land, um das sie die Kolonialisten damals nicht beraubt hatten.

Shatara und ich mochten uns, sie stellte mich ihren Freunden vor, mit denen sie zum Konzert gekommen war, eine Gruppe junger indigener Männer und Frauen, die es spannend fanden, hier auf einen Deutschen zu treffen. Zusammen verließen wir das Konzert und stiegen in den nächsten Bus, der uns aus der Stadt in Richtung ihres Reservats bringen sollte.

In dem Bus gab es eine Sitzaufteilung, zum einen Plätze für Menschen wie mich, also Weiße, und Sitzreihen für Indigene und Schwarze. Heute undenkbar, damals gelebte Praxis in den Südstaaten, obwohl es eigentlich verboten war. Ich habe es jedenfalls nicht verstanden und forderte meine neuen Freunde auf, sich zu mir zu setzen, sehr zum Ärger des Busfahrers. Er gab mir zu verstehen, dass die Chickasaws sich auf ihre Plätze setzen sollten. Doch ich blieb hartnäckig. Also rief er die Cops. Und dann eskalierte die Situation.

Die Cops rückten an. Wir alle mussten aus dem Bus aussteigen, und ich sollte meinen Ausweis vorzeigen. Plötzlich stellten sich die Indigenen vor mich. «Hier wird niemand kontrolliert», skandierten sie immer wieder. Die Situation drohte aus dem Ruder zu laufen. Einer der Polizisten machte einen Schritt nach vorn und wollte mich packen, was die Chickasaws nicht zuließen. Beim Versuch, weiter zu mir vorzudringen, schubste ich einen der Cops zur Seite und lief durch seine Kollegen hindurch. Einer von ihnen rutschte beim Versuch, mich festzuhalten, weg und schlug lang hin. In diesem Tumult ergriffen wir die Flucht. Die Chickasaws kannten sich in der Gegend aus, sodass wir hinter den Häuserblocks verschwinden konnten.

Aus heutiger Sicht war das eine ziemliche Dummheit. Es ist bekannt, dass die Dienstwaffe bei der USamerikanischen Polizei deutlich häufiger zum Einsatz kommt als bei deutschen Polizisten. Diese Aktion hätte auch ins Auge gehen können. Doch daran dachten wir nicht. «Mit der Polizei kann man nicht reden», sagten die Indigenen. Wir feierten uns für unseren Mut und zogen als gefühlte Sieger ins Reservat ein.

Das Reservat war wie eine Stadt in der Stadt. Mit Wohnblocks, Supermärkten und Spielplätzen. Ich bekam ein eigenes Zimmer und wurde schnell Teil der Gemeinschaft. Und dann folgte der Besuch von Marshall B. Rosenberg, der mich bei meiner Arbeit als Polizist inspirierte. Seine Methode von der Gewaltfreien Kommunikation wende ich bei meinem Antigewalttraining in Schulen genauso an wie beim Jugendschutz. Aber auf meine eigene Weise. Rosenberg war ein Wissenschaftler mit theoretischen Denkansätzen, der Modelle aus der Forschung benutzte. Ich bin kein Psychologe oder Wissenschaftler. Ich bin Polizist mit einer Portion Idealismus, ohne aber den Blick für die Realität zu verlieren. Und so betrachte ich auch meine Arbeit in den Schulen. Ich profitiere von meiner jahrzehntelangen Praxiserfahrung. Das fängt schon bei der Ansprache an. Mit Grundschülern und -schülerinnen rede ich anders über Gewalt, als wenn mir Neuntklässler gegenübersitzen, auch wenn das häufig ein Spagat ist, denn die Gewalt unter ihnen unterscheidet sich oft gar nicht so sehr von der unter Heranwachsenden. Dass ein Erstklässler einen Gleichaltrigen ins

Gesicht schlägt und ihm gegen den Kopf tritt, wenn er schon am Boden liegt, ist mir leider schon häufiger begegnet.

Finley außer Rand und Band

Ich war an einer Grund- und Oberschule in der Nähe von Cuxhaven und hatte gerade Pause zwischen meinen Vorträgen in der Aula. Als Nächstes hatte ich die neunte Klasse auf meinem «Stundenplan». In diesem Moment kam die Klassenlehrerin einer ersten Klasse ganz aufgelöst zu mir.

«Herr Mollenhauer, könnten Sie uns vielleicht helfen? Wir bekommen Finley nicht in den Griff. Der Junge ist außer Rand und Band», sagte sie.

Ich kannte Finley. Als ich zwei Wochen zuvor an derselben Schule war, hatte ich die erste Klasse vor mir gehabt, die er besuchte. Er war mir aufgefallen, denn auch seine Mutter hatte sich den Präventionsunterricht angehört. Es kommt eher selten vor, dass Eltern während meines Unterrichts anwesend sind. Meistens nur, wenn ihr Kind in der Schule schon negativ aufgefallen war und man ihnen dazu geraten hatte. Ich hatte anschließend die Schulleiterin auf die Mutter angesprochen, und von ihr erfuhr ich auch, warum man Finleys Mutter gebeten hatte, sich den Präventionsunterricht anzuhören. «Finley verhält sich seiner Lehrerin gegenüber respektlos. Er stört ständig den Unterricht und hat die Lehrerin auch schon als Schlampe beleidigt. Unsere Kollegin weiß nicht, wie sie mit ihm umgehen soll, denn es ist ihm komplett egal, wenn er ermahnt wird.» Sie berichtete mir weiterhin, dass nicht nur die Lehrerin, sondern auch andere Mitschüler unter Finley litten. Dass er ihre Schulsachen und Stifte klauen würde, weil er selbst keine Federtasche dabeihätte. Alles kleine Sticheleien, aber es würde den gesamten Klassenverband durcheinanderbringen. Und nun war Finley ausgerastet und die Lehrerin mit der Situation überfordert.

«Was genau ist passiert?», fragte ich.

«Finley hat den Unterricht immer wieder gestört, und als ich ihn etwas deutlicher ermahnt habe, ist er aufgestanden. Er wollte den Unterricht verlassen. Hat seine Jacke genommen und ist Richtung Tür gegangen. Ich konnte ihn aber unmöglich gehen lassen. Ich hatte Angst, dass er sich selbst gefährdet. Dass er vor lauter Wut gar nicht den Verkehr um sich herum bemerkt und vor ein Auto läuft.»

«Wie haben Sie denn versucht, ihn daran zu hindern?» Das ist eine Frage, die ich häufig stelle. Lehrer haben nämlich Hemmungen, ihre Schüler und Schülerinnen anzufassen. «Ich habe ihn am Ärmel gepackt. Er hat sich aber losgerissen. Ich bin ihm dann vor die Tür gefolgt und konnte ihn kurz beruhigen, anschließend ging ich mit ihm ins Sekretariat. Denn wir haben in der Schule keinen passenden Aufenthaltsraum. Aber im Sekretariat ist Finley komplett ausgeflippt, sodass die Schulsekretärin ihre Arbeit nicht mehr fortführen konnte.»

Ich ging also ins Sekretariat, wo die Lehrerin ihn hingebracht hatte, um dort den Rest der Schulstunde zu verbringen und um den Unterricht nicht weiter zu stören. Doch dort wollte Finley nicht sein. Ich betrat den kleinen Raum, der im Grunde nur aus einem Tresen bestand, hinter dem die Sekretärin mich durch ihre Lesebrille hilflos ansah. Daneben befand sich ein wuchtiger Aktenschrank, der aber nicht ganz an die Wand geschoben worden war, vielleicht zwanzig Zentimeter davor. Zwischen Wand und Aktenschrank hatte sich Finley gequetscht, wo er sich bestimmt schon eine Viertelstunde aufhielt. Schreiend, unfähig, sich auf ein Gespräch einzulassen. Ich trat zu ihm, stellte mich an die Wand und ging in die Hocke, sodass ich ihm in Augen schauen konnte.

«Hey, Finley. Du kennst mich doch noch, oder? Ich bin's, Jens, der Polizist mit den Handpuppen, der mal bei den Indigenen gelebt hat.» Ruhige, sanfte Stimme, Blickkontakt. Das erste Ziel war, dass Finley zu schreien aufhörte. Der Junge sah mich an und verstummte.

«Schön, dass wir uns wiedersehen. Ich kann mich noch gut an dich erinnern. Du hast damals im Unterricht richtig toll mitgemacht. Ich hatte das Gefühl, dass du das mit den Puppen super gefunden hast. Weißt du was? Ich bin ja großer Fußballfan. Und gestern war ja Derby, HSV gegen St. Pauli. Da war ich im Stadion. Und nach dem Spiel habe ich mir erst mal eine riesige Portion Pommes geholt. Mit Ketchup und Mayo. Ich nehme immer beides. Was magst du denn lieber?»

«Mayo.»

Ein erster Erfolg. Ablenkung ist eine Methode, die funktionieren kann, um Kinder und Jugendliche aus ihrer Wutspirale herauszuholen. Und bei Finley klappte es. Er ließ sich auf das Gespräch über Pommes-Saucen sein. Seine Gesichtszüge entspannten sich, die Tränen trockneten langsam und sein gesamter Körper verlor zusehends an Spannung.

«Finley, ich habe acht Kinder. Du kannst dir vielleicht vorstellen, was bei uns jede Woche verputzt wird.» Ich erzählte weiter von meiner eigenen Familie und ihren Essgewohnheiten. Belanglosigkeiten, die dennoch Wirkung zeigten. Nachdem wir ein paar Minuten so verharrten, bat ich ihn, aus dem Spalt herauszukommen. Er quetschte sich heraus und brach in Tränen aus. Ich nahm ihn in den Arm und tröstete ihn. Inzwischen war seine Mutter eingetroffen, um Finley abzuholen, denn an Unterricht war für ihn heute nicht mehr zu denken.

Die Mutter wusste, dass ihr Sohn schön öfter im Unterricht aufgefallen war. Eine Erklärung hatte sie dafür nicht, als ich danach fragte. Ich bat sie deshalb, ihrem Sohn häufiger ihre Zuneigung zu zeigen, ihn in den Arm zu nehmen. Ich gab ihr zum Schluss auch meine Visitenkarte. Ein Angebot für Eltern, die daran interessiert sind, am Verhalten ihres Kindes etwas zu ändern. Sie kontaktieren mich und berichten mir von ihren familiären Problemen. Von Ehestreitigkeiten bis Scheidung ist alles dabei. Natürlich bin ich kein Familientherapeut, aber ich gebe jederzeit Hilfe, wenn es um das Verhalten des Kindes geht, und helfe auch mit Kontakten aus.

Es war Zufall, dass ich bei Finleys Ausraster gerade anwesend war und sofort helfen konnte. Normalerweise wenden sich Schulen erst nach solchen Vorfällen an mich.

Mein Unterricht folgt einem festen Schema. Bei Grundschülern arbeite ich, wie ich es bei Rosenberg gesehen hatte, mit Handpuppen. Sie sind Teil eines Rollenspiels, das ich in meine Arbeit übernommen habe. Jeden Morgen, wenn ich eine Schule besuche, trage ich also einige Tüten mit Puppen bei mir. Die schauen ein bisschen aus wie aus der *Muppet Show*. Zu meinem Repertoire gehören Hauptkommissar Jensen, Willy der Störenfried oder Karlchen der Streitrabe, aber auch noch weitere Charaktere. Jüngere Schüler können den Umgang mit Konflikten durch die Puppen meist besser verstehen. Sie helfen mir, den Kindern spielerisch beizubringen, was Emotionen sind und was sie mit uns anstellen.

Um das zu verdeutlichen, habe ich verschiedene Übungen entwickelt. Für jede Übung hole ich mir einen Schüler oder eine Schülerin nach vorne und streife ihr einen imaginären Schutzanzug über. Dieser unsichtbare Anzug stellt die neue Identität im Rollenspiel dar. Die Jungs heißen immer Fritz und die Mädchen Erna. Anschließend streife ich mir eine Handpuppe über und erkläre meinen Kandidaten, dass sie gleich von Willy dem Störenfried geärgert und provoziert werden. Fritz oder Erna sollen mir dann zeigen, wie sie sich in dieser Situation verhalten würden. Die Pseudonyme Fritz und Erna dienen dazu, dass die Kinder die gespielte Anfeindung nicht auf sich persönlich beziehen oder erlebte Gewalt bei ihnen getriggert wird. Denn ich weiß ja nicht, ob die jeweiligen Kids bereits Erfahrungen mit Gewalt hatten (etwa zu Hause in den eigenen vier Wänden).

Mein Ziel ist es, dass die Schüler und Schülerinnen Gefühle erkennen und sie auch äußern, den Mut haben, sich gewaltfrei zu streiten und sich in einer Stresssituation Hilfe zu holen. Sie sollen der Provokation, egal ob verbal oder körperlich, nicht die Stirn bieten, sondern sich trauen, Lehrkräfte, Mitschüler oder Passantinnen mit einzubeziehen. Sie sollen durch den Unterricht Begriffe wie «Gewalt», «Gewaltvermeidung» oder «Zivilcourage» kennenlernen und sie auch praktisch anwenden können.

Selbst bei den Kleinsten habe ich pro Klasse mindestens ein psychisch auffälliges Kind. Häufig briefen mich die Lehrer im Vorfeld über Schüler und Schülerinnen, die in letzter Zeit negativ aufgefallen sind.

Fußball ist Männersache

«Die Jungs haben mir verboten mitzuspielen. Ist das auch Herzgewalt?» Das achtjährige Mädchen spricht mich in der Pause an, nachdem ich in ihrer Klasse zwei Stunden Gewaltprävention unterrichtet habe.

«Wie heißt du denn?», frage ich, ohne erst einmal eine Antwort zu geben.

«Zeynab.»

«Ja, Zeynab, das ist Herzgewalt, was sie zu dir gesagt haben. Was haben die Jungs denn noch so von sich gegeben?», will ich wissen.

«Sie meinten, Mädchen dürfen keinen Fußball spielen. Das dürfen nur die Jungs.»

Ich bin an einer Grundschule in der Nähe von Lüneburg. Zweite Klasse. Viele Jungs, wenig Mädchen. Ein Großteil der Kinder kommt in dieser Klasse aus schwierigen Familienverhältnissen. Der Unterricht läuft zäh. Die Klasse hört kaum zu. Während meines Unterrichts sind zwei Lehrkräfte damit beschäftigt, die Kids ruhig zu bekommen. In solchen Klassen ist es mir besonders wichtig, dass die Schüler und Schülerinnen etwas über Gewaltprävention mit nach Hause nehmen. Also suche ich nach Themen, mit denen sie sich identifizieren können. Zeynab hat mir vor dem Unterricht dafür die Steilvorlage geliefert: Fußball. Gleich drei Jungs tragen Trainingshosen von Paris Saint-Germain, zwei weitere ein Trikot des brasilianischen Spielers Neymar, einer einen Hoodie mit Messi-Konterfei. Dazu Nike-Schuhe und Louis-Vuitton-Umhängetaschen. An der Echtheit von Trikots und Taschen darf gezweifelt werden. Die Vereinskleidung von PSG – so wird der französische Hauptstadtverein kurz genannt – ist in den letzten Jahren zu einer Art Uniform der Rapper-Szene geworden. Fast jeder Gangster-Rapper kleidet sich in den Farben des Vereins, Blau und Rot, der so viele Superstars in seiner Elf vereint wie kein anderer auf der Welt. Das färbt auf die Kids ab. Die Fanartikel bestimmter Fußballklubs haben längst die Schulhöfe der Grundschulen geflutet.

«Was glaubt ihr denn, wer so alles Fußball spielen darf?», frage ich in die Runde, als der Unterricht weitergeht.

Die Jungs schauen mich mit leeren Augen an.

«Na wir», sagt schließlich einer aus der zweiten Reihe.

Ich sehe ihn an. «Wer ist wir?»

«Na, wir Jungs halt», erwidert er.

«Wie heißt du?», frage ich weiter.

«Nihat.» Er grinst mich an.

«Nihat, warum dürfen nur Jungen Fußball spielen?»

«Weil das ein Sport für Männer ist, nicht für Frauen.»

Solche Aussagen zwingen mich förmlich dazu, einen Exkurs in Grundrechte und Gleichberechtigung zu wagen. Also kläre ich die Schüler und Schülerinnen auf, dass natürlich jeder Mensch Fußball spielen darf. Unabhängig von Geschlecht und Herkunft. Und dass Frauen das Gleiche dürfen wie Männer und dass es dafür sogar ein Gesetz gibt. Ich versuche dabei, alles so kindgerecht wie möglich zu vermitteln, denn ich darf bei meiner Arbeit nicht vergessen, dass ich Zweitklässler vor mir sitzen habe, die mit ihren acht Jahren wahrscheinlich noch nie etwas von Grundgesetz und Gleichberechtigung gehört haben. Die Jungs hören zwar zu, ich kann ihren Gesichtern aber keine Reaktion entlocken. Es scheint ihnen egal zu sein.

Nach dem Unterricht leert sich der Klassenraum. Nur Zeynab ist geblieben und kommt ein weiteres Mal zu mir nach vorne, als ich meine Handpuppen zusammenpacke. Sie weint, ihre Lehrerin steht neben ihr und hält ihre Hand.

«Herr Mollenhauer, Zeynab möchte Ihnen noch etwas erzählen.»

«Zeynab, was ist denn los?»

«Mein Papa macht noch dollere Herzgewalt. Er sagt, ich bin nichts wert.»

«Das ist richtig dolle Herzgewalt. Warum sagt dein Vater denn so etwas?»

«Er sagt, ich bin nichts wert, weil ich ein Mädchen bin.»

«Lass dir nicht einreden, dass du weniger wert bist, nur weil du ein Mädchen bist. Du bist genauso viel wert wie jeder andere Mensch. Du darfst dich auch trauen, deinem Vater zu sagen, dass das Herzgewalt ist, was er von sich gibt. Und wenn er fragt, woher du das hast, dann erzählst du ihm, dass Herr Mollenhauer dir das gesagt hat.»

Am nächsten Morgen habe ich in derselben Schule wieder Unterricht. Ich fahre im Wissen auf den Schulparkplatz, dass ich etwas spät dran bin, denn die meisten Kinder haben das Schulgebäude bereits betreten. Ich parke mein Auto, steige aus, öffne den Kofferraum und will gerade meine Handpuppen ausladen, als ich einen Laut höre.

«Ey!» Nichts weiter.

Ich drehe mich um. Ein Mann kommt auf mich zu. Er geht nicht, er schreitet. Sein Kopf ist leicht nach vorn gebeugt, sein Gang breit, seine Arme hält er so, als hätte er Rasierklingen unter den Achseln. Er ist vielleicht Anfang dreißig, aber ähnlich uniformiert wie die PSG-Fans aus der zweiten Klasse. Graue Jogginghose, rote Trainingsjacke, Basecap tief ins Gesicht gezogen. Darunter verbirgt sich ein dunkler, unregelmäßig gestutzter Bart. Er sieht aus, als wäre er gerade erst aufgestanden und hätte zum Verlassen des Hauses bloß noch die Mütze und Turnschuhe angezogen. Perplex mustere ich ihn, doch ich komme gar nicht dazu, ihn weiter zu betrachten, denn er hat offensichtlich etwas auf dem Herzen.

«Du sagst meiner Tochter nicht, was sie zu denken hat, ja?!» Der Mann spricht nicht, er schreit. Er ist angespannt und steht unter Druck. Ich meine fast, das Pochen seiner Halsschlagader sehen zu können. Mit einem Mal begreife ich, dass ich Zeynabs Vater vor mir habe.

«Jetzt mal ganz ruhig», sage ich. «Wer sind Sie und was wollen Sie von mir?» Ich versuche, Zeit zu gewinnen und den Mann in ein Gespräch zu verwickeln, damit er etwas runterfährt.

«Du weißt, wer ich bin. Und wenn du dich noch einmal in die Erziehung meiner Tochter einmischst, hast du ein richtiges Problem!»

Er ist so außer sich, dass sich seine Stimme schon überschlägt. Ich bin es gewohnt, dass gerade Männer hochfahren, wenn wir ihnen als Polizisten gegenüberstehen. Deshalb habe ich mir angewöhnt, betont ruhig zu bleiben. Ich spreche mit sanfter, aber bestimmter Stimme und wappne mich innerlich, falls mein Gegenüber körperlich wird. Hier auf dem Schulgelände bin ich nicht im Dienst. Ich habe also keine Möglichkeit, mich zu verteidigen, außer mit meinen Worten und meiner eigenen physischen Kraft. Deshalb ist in solchen Situationen Deeskalation wichtiger denn je.

«Wir können gern einen Termin für ein Gespräch vereinbaren. Ihre Tochter hat sehr viel Mut bewiesen und sich mir anvertraut. In diesem Tonfall möchte ich aber nicht weiter mit Ihnen sprechen», sage ich.

Mein Gegenüber beeindruckt das wenig. Er pöbelt weiter, aber ich höre gar nicht mehr hin. Zeynabs Vater will nur Dampf ablassen und ist an einer Klärung überhaupt nicht interessiert.

«Ich spreche Ihnen hiermit ein Hausverbot aus», fahre ich fort. Dass ich als Schultrainer gar keine Hausverbote aussprechen darf, ist mir in diesem Moment egal. «Bitte verlassen Sie das Schulgelände und kontaktieren Sie gern das Sekretariat, falls sie doch einen Termin wünschen.»

Der Mann kehrt mir nun den Rücken zu und verschwindet genauso schnell, wie er aufgetaucht war.

Der Schulleiterin erzähle ich von dieser Begegnung, auch von dem Angebot eines Gesprächs. Dem Mann bin ich seitdem nicht wieder begegnet. Ich bin aber sehr stolz, dass Zeynab den Mut bewiesen hat, ihrem Vater offen zu sagen, dass er Herzgewalt begeht. Offensichtlich hatte sie damit einen wunden Punkt bei ihm getroffen. Gleichzeitig besteht die Gefahr, dass der wütende Vater weiterhin Druck gegenüber Zeynab aufbaut oder sie sogar bestraft, weil Zeynab «gepetzt» hat. Es ist daher wichtig, in engem Kontakt mit ihr zu bleiben, ihr immer wieder Mut zu machen und sie zu ermuntern, sich anderen, zum Beispiel ihrer Lehrerin, anzuvertrauen.

In diesem Zusammenhang möchte ich noch einen anderen Punkt bei meiner Arbeit mit Schülern und Schülerinnen, aber auch mit Erwachsenen thematisieren: die Fehlerkultur. Mir ist über die Jahre aufgefallen, dass die Bereitschaft, Fehler zuzugeben und einzugestehen, die Konsequenzen seiner Handlungen zu akzeptieren, zunehmend schwindet. Womöglich hat die Pandemie diese Mentalität weiter befeuert. Ich meine damit die Haltung vieler Kinder und Jugendlicher, sich nichts sagen zu lassen, egal ob ich als Polizist oder Antigewalttrainer auftrete. Gerade Eltern, die eine problematische Beziehung zu ihren Kindern haben, tun sich schwer damit, Kritik an ihrer Erziehung anzunehmen. Das betrifft auch die Lehrkräfte.

Die Fähigkeit, Fehler zu erkennen und bereit zu sein, an ihnen zu arbeiten, macht für mich eine Persönlichkeit aus. Ich formuliere meine Kritik deshalb nie mahnend, sondern konstruktiv. Ich sage Eltern nicht: «Das haben Sie falsch gemacht.» Ich sage lieber: «Hören Sie Ihrem Kind zu. Nehmen Sie es doch auch mal in den Arm, wenn es Sie braucht.»

Ich kann nur Anstöße geben. Doch mich motiviert bei meiner Arbeit, es besser zu machen, als ich es in der Schule gehabt habe. Denn die Schule hat damals nicht das geleistet, was nötig gewesen wäre, um auffällige Kinder zu erreichen. Ich wurde von meinen Lehrern noch mit Kreide und einem Schlüsselbund beworfen, wenn ich den Unterricht gestört habe. Diese

Zeiten sind zum Glück vorbei. Ich bin aber davon überzeugt, dass mit vernünftiger Schulsozialarbeit mehr psychisch auffällige Kinder erreicht werden können. Wenn ein Sozialarbeiter aber nur für ein paar Stunden pro Woche in einer Schule mit mehreren Hundert Schülern eingesetzt wird, hat diese Person schlicht nicht die Kapazitäten, alle auffälligen Schülerinnen und Schüler zu erreichen. Schulen sollten sich also mehr Sozialarbeit leisten. Die Notwendigkeit ist da. Der beste Beweis dafür ist mein eigener Terminkalender.

Sicher erreiche auch ich mit meiner Arbeit nicht jede und jeden. Das zeigen die besonderen Härtefälle.

12

Systemsprenger

Es gibt Kinder, die besuche ich einmal, höchstens zweimal. Die haben großen Respekt vor uns Polizisten, wenn wir zur Gefährderansprache erscheinen. Logisch, da steht die Polizei vor ihrer Tür. Überraschungsbesuch. Hinter ihnen tauchen die Eltern oder Geschwister auf und hören zum ersten Mal, dass der oder die Kleine ordentlich Mist gebaut hat. Bums, das sitzt. Diese Kids kriegen dann kein Wort mehr heraus. Sie hören mir zu und öffnen sich, zeigen vielleicht auch so etwas wie Einsicht. Am Ende entschuldigen sie sich und fragen manchmal, wie sie ihr Verhalten wiedergutmachen können. Meistens überlasse ich ihnen selbst die Entscheidung. Gehen sie noch in die Grundschule, malen sie oft Bilder und schenken es dem Mitschüler oder der Mitschülerin, dem sie das Handy abgezogen haben, oder entschuldigen sich von Angesicht zu Angesicht. Richtig, sie malen Bilder. Weil sie selber noch Kinder sind. Sie verstehen, dass das Malen eines Bildes ein Zeichen der Entschuldigung ist und eine Art von Wiedergutmachung bedeutet. Ihre Tat steht diametral dagegen und könnte von einem erwachsenen Kriminellen stammen. Doch diese Kids zeigen ein Einsehen – und ich habe sie das erste und womöglich auch das letzte Mal besucht.

Doch es gibt Wiederholungstäter. Die suchen sich nach unserem ersten Besuch schon bald ein neues Opfer. Manchmal auch dasselbe. Sie machen dort weiter, wo sie vor unserer ersten Gefährderansprache aufgehört haben. Sie schlagen, erpressen oder erniedrigen ihre Opfer. Viele von ihnen haben das Zeug zum Intensivtäter, wenn sie so weitermachen. Hier müssen wir beharrlich bleiben und immer das Ohr an der Straße haben, wie wir sagen. Heißt im Klartext: Wir dürfen diese Kids nicht verlieren, wir müssen konsequent in ihrem Kiez unterwegs sein, sie aufsuchen, mit ihnen sprechen und erfahren, was sie umtreibt. Manchmal wirkt ein neuer Freundeskreis Wunder, und nicht selten bringt ein Schulwechsel eine Verbesserung.

Schließlich gibt es die sogenannten Systemsprenger. Sie spielen in ihrer eigenen Liga. «Systemsprenger» ist ein Begriff aus der Kinderpädagogik und -psychiatrie, er bezeichnet auffällige Kinder und Jugendliche, für die es bisher keine Hilfsmaßnahmen gibt, die als erfolgreich eingestuft wurden. Das sind die Hoffnungslosen, zumindest aus unserer Sicht, die Kids, die schon als Viertklässler die kriminelle Karriereleiter im Schnelldurchlauf erklimmen. Sie zünden wie eine Rakete und begehen innerhalb eines Jahres Straftaten, dass einem schwindlig wird. Bei ihnen machen wir drei, vier, fünf und mehr Gefährderansprachen, ohne zu ihnen vorzudringen. That's it. Bei Norm- und Hilfegesprächen ist nach drei Besuchen in der Regel Schluss. Dann hat sich gezeigt, dass wir mit unserer Präventionsarbeit nichts ausrichten können. Gefährderansprachen führen wir aber immer wieder durch.

Systemsprenger sind der Albtraum einer jeden Kriminalitätsstatistik. Sie begehen fast täglich Straftaten, produzieren reihenweise Opfer und versetzen nicht nur ihre Klasse, sondern ganze Schulen und Straßenzüge in Angst und Schrecken. Und sie wissen, dass wir ihnen nichts können. Jedenfalls nicht, bevor sie vierzehn sind. Trotz unzähliger Vergehen bleibt ihre Strafakte leer. Sichtbar machen können wir ihre Taten nur als Einträge im ComVor-Index. Bei Systemsprengern sind es oft Hunderte davon – und die Kids sind nicht einmal zwölf Jahre alt. Hinter diesen Einträgen verbergen sich eine Vielzahl von Opfern. Nicht selten traumatisierte Kinder, die sich allein nicht mehr aus dem Haus trauen.

Jason – Schläger, Tankstellenräuber und Dieb

Einer von diesen Systemsprengern ist Jason. Er ist zwölf und wie so viele Kinder in Billstedt Teil einer berüchtigten Gang. Alles Herumtreiber, Jungs auf der Suche nach Stress. Trotz des jungen Alters haben Jason und seine Kumpel bereits zahlreiche Straftaten begangen. So haben sie einem Vierzehnjährigen das Handy abgezogen, ihn nach dem Raub zusammengeschlagen und gegen den Kopf getreten, als er schon am Boden lag. Erst abziehen und anschließend noch draufhauen, meistens gemeinschaftlich. Klassischer Gruppenzwang.

Aber Jason ist nicht nur ein Schläger, Tankstellenräuber und Dieb. Er konnte mit zwölf Jahren schon Auto fahren. Ein bisschen zu früh. Mehrfach hatte er sich den Wagen seiner Eltern «ausgeliehen», einmal hatte er sogar versucht, einen zivilen Streifenwagen zu klauen. Carjacking oder Hijacking nennen wir das, wenn ein Gegenstand gewaltsam übernommen wird. Kein Witz, Jason und seine Kumpel errichteten nachts in Mümmelmannsberg mit Mülltonnen eine Straßensperre und versteckten sich zwischen den Häuserblocks. Zufällig fuhr eine zivile Streife vorbei, und als die Kollegen ausstiegen, um die Mülltonnen wegzuräumen, sprang Jason ins Auto und wollte losfahren. Dumm nur für ihn, dass er nicht wusste, was für ein Fahrzeug er da gerade klauen wollte. Meine Kollegen waren schneller, sie packten ihn, während seine Kumpels abhauen konnten. Seitdem kannte jeder im Kiez Jason.

Jason hatte keine Eltern. Jedenfalls keine, die sich um ihn kümmerten. Der Mutter war das Sorgerecht entzogen worden, sie kam nicht mehr mit ihm klar.

Der Vater hatte das Weite gesucht, seither wohnte Jason bei seinem Großvater in der Druckersiedlung. Das Billstedter Viertel heißt so, weil die Druckerstraße sich wie eine Schnur durch die Siedlung zieht. Links und rechts führen kleine Fußwege wie feine Adern zu noch kleineren Reihenhäusern. Roter oder gelber Klinker, maximal achtzig Quadratmeter. Kleinbürgerlich, aber muckelig, wie der Hamburger sagt. Es ist eine schöne Gegend, auch das ist Billstedt.

In einem solchen Haus lebte Jason, als wir ihn zum Norm- und Hilfegespräch trafen. Auf den ersten Blick wirkte dort alles wie heile Welt. Die Wohnung war ordentlich, sogar sauber. Es hingen Bilder an den Wänden, die Möbel waren etwas altbacken. Dunkles Holzfurnier, Stehlampe mit Stoffschirm. Der Flur war schmal, dünne Wände, knarzende Böden, darüber Nadelfilz. Ich zog meine Schuhe aus.

Jasons Großvater war freundlich. Ein kleiner Mann mit rundem Gesicht in den späten Sechzigern, volles dunkles Haar, gebückte Haltung, Trainingsjacke. Hinter ihm stand Jason. Er sah nicht wie zwölf Jahre aus, eher wie vierzehn. Den Stimmbruch hatte er hinter sich gelassen. In seinem Gesicht zeichneten sich zwischen Pickeln erste Bartstoppeln ab. Er wog einige Kilo zu viel. Seine Augen waren wach, sein Blick spitzbübisch. Er wirkte nicht wie einer, der ständig Gleichaltrige vermöbelte. Aber wer sieht mit zwölf schon aus wie ein Schwerverbrecher?

«Na, Jason, wie geht es dir?», fragte ich.

«Gut, danke, Herr Kommissar Mollenhauer», antwortete Jason und grinste.

Da ich schon einmal hier war, kannte er mich. Ich erklärte ihm: «Die Kripo hat uns geschickt, weil du mal wieder auf dem Spielplatz am Ende der Sonnenlandsiedlung einen dreizehnjährigen Jungen mit einem Teleskopstab verprügelt hast. Ganz üble Nummer. Der Junge musste anschließend ins Krankenhaus, Verdacht auf Gehirnerschütterung. Du weißt, dass das eine Straftat ist, Jason. Das ist schwere Körperverletzung.»

«Ich war das nicht, Herr Kommissar, das war Berkan.» Typische Antwort. Immer waren es die anderen.

«Mehrere Zeugen haben dich gesehen, Jason. Außerdem haben die Kollegen den Teleskopstab in deinem Rucksack gefunden.»

Jason zuckte mit den Schultern, hielt meinem Blick stand. «Kann mich nicht dran erinnern.»

Er mauerte, das tun solche Jungs gerne. Im ersten Norm- und Hilfegespräch hatte ich versucht, mit Jason zu ergründen, woher seine Wut, das Feuer in seinem Bauch, stammt. Schon da hatte er nur gegrinst, abwesend gewirkt. Völlige Gleichgültigkeit, keine Empathie mit den Opfern. Es war zu spüren, dass man nur schwer an ihn rankam. Und auch von Jasons Großvater war keine Hilfe zu erwarten gewesen. Er erzählte uns etwas von Züchtigung und harter Hand. Und dass es so was früher nicht gegeben hätte, wenn man die Jungs richtig anpacken würde. «Alte Schule», nannte er das, stritt aber ab, den Jungen mit Gewalt zu erziehen. Ich nahm seine Ausführung zur Kenntnis.

Was macht man mit einem Jungen, an den niemand herankommt, der macht, was er will, an dem das Jugendamt verzweifelt? Jason hatte inzwischen Bekanntschaft mit dem Familieninterventionsteam gemacht. Wie beim elfjährigen Dimi aus dem Billstedt Center wird das FIT involviert, wenn eine Entnahme aus der Familie im Raum steht. Das wurde anscheinend auch bei ihm diskutiert. Denn so wie Jasons «Karriere» gerade lief, konnte es nicht weitergehen.

Jason erinnert mich an einen Fall, den ich als junger Polizeibeamter Anfang der Neunzigerjahre miterlebt habe. Der Fall von Dennis N. «Crash-Kid Dennis» hatten ihn die Medien getauft. Der damals Dreizehnjährige, an dem sich sämtliche Jugendeinrichtungen die Zähne ausbissen, brach regelmäßig Autos auf, um mit seinen Kumpels Rennen zu fahren. Er scharte eine regelrechte Autoknacker-Gang um sich. Dennis durchlief verschiedene erzieherische Maßnahmen. 1992 knackte er einen Opel und fuhr mit einem gleichaltrigen Kumpel mit über hundert Stundenkilometern durch Hamburg-Lohbrügge. Er verlor die Kontrolle über den Wagen, raste gegen einen Zaun, der Opel überschlug sich, und beide Insassen wurden aus dem Auto geschleudert. Der Beifahrer starb, Dennis selbst wurde nur leicht verletzt – der vorerst traurige Höhepunkt seiner kriminellen Karriere. Im Anschluss wurde er in ein Erziehungscamp nach Finnland geschickt. Dort sollte er fernab der Zivilisation Werte und Regeln kennenlernen. Er blieb dort über zwei Jahre, doch direkt nach seiner Rückkehr nach Hamburg verfiel er erneut in alte Muster und knackte weiterhin Autos.

In den Neunzigerjahren schien man einen Königsweg für Intensivstraftäter wie Dennis gefunden zu haben: die Erlebnispädagogik. Gemeint war ein sanftes Eingreifen des Staates, indem er gewaltbereite Jugendliche aus ihrer Umgebung herausnahm und in eine neue «umpflanzte». Meist waren das entlegene, naturverbundene Orte, wo die Kids eine Art Überlebenstraining absolvieren mussten. Bei Dennis war es ein finnisches Erziehungscamp, manche kommen nach Spanien, Rumänien oder auf Schiffe, wo sie Disziplin lernen sollen.

Ich halte nicht viel von diesem Modell, denn ich denke nicht, dass der Ort entscheidend ist, an dem Jugendliche therapiert werden. Wichtig ist vielmehr, wer das tut. Die Jugendlichen brauchen Menschen, denen sie vertrauen. Zu denen sie eine Beziehung aufbauen und die emotional auf sie einwirken können. Einen jugendlichen Intensivstraftäter in ein Bootcamp zu setzen und zu denken, dass ein bisschen militärischer Gehorsam helfen könnte, ist aus meiner Sicht zu kurz gegriffen. In diesen Camps interessiert sich niemand für die Motive der Herzgewalt. Hauptsache ist, der Jugendliche ordnet sich unter und funktioniert im Bootcamp-System. Doch Systemsprenger passen in kein System. Und wenn sie wieder zurück in ihr altes Umfeld kommen, geht oft alles vorne los.

Dennoch hielt man die Erlebnispädagogik bis in die 2010er-Jahre hinein für die ideale Lösung. Nur war es bei Jason nicht die rumänische Walachei, sondern ein Einödhof im Weserbergland, rund zwei Stunden von Hamburg entfernt. Er sollte dort an das einfache Leben auf dem Land herangeführt werden, und über die tägliche Arbeit sollte sein Alltag eine geregelte Struktur bekommen. Das Ganze ging keine Woche gut. Denn Jason – mit seinem Faible für motorisierte Fahrzeuge – klaute nach wenigen Tagen den Traktor der Bauernfamilie und türmte. Er war daraufhin mehrere Wochen verschwunden, ehe man ihn aufgriff und wieder zurück nach Hamburg zu seinem Großvater brachte. Der Rest seiner Familie saß im Gefängnis. Als er fortzog und Billstedt verließ, verlor ich Jason aus den Augen.

Doch vor Kurzem erschien er wieder auf meinem Bildschirm. Sein jüngerer Bruder ist nun ein Fall für meine Kollegen aus dem Bezirk Nordost. Dort wurde er wegen eines Wohnungseinbruchs festgenommen. Jason sitzt aktuell im Knast. In der JVA Hahnöfersand. Jugendvollzug. Das Maß war voll. Einbruch, schwere Körperverletzung, unzählige Diebstahlsdelikte. Das alles bescherte ihm eine Gesamtstrafe von vier Jahren. Er hatte tatsächlich Karriere gemacht – als Berufsverbrecher. Jason ist keiner, mit dem sich der Jugendschutz schmücken kann.

13

Die Akte Anissa – wohin mit den Hoffnungslosen?

Anissa hatte sich einen Ruf erarbeitet, den wir Jugendschützer aus allen Brennpunkten Hamburgs als besorgniserregend einstuften. Unter jugendlichen Mädchen hatte sich herumgesprochen, wenn man «jemanden braucht, der einem hilft», dann sei das Anissa. Klingt tugendhaft, aber in dem Zusammenhang hatte das Wort «helfen» eine völlig andere Bedeutung. Mit diesem Ruf, der Anissa vorauseilte, war eher gemeint: Wenn du willst, dass jemand richtig Schläge kassiert, stelle dich gut mit Anissa. Die übernimmt das.

Anissa stand häufig mit einem Messer vor der Schule, um andere Mädchen einzuschüchtern, vielleicht hatte sie sogar Schlimmeres vor. Fest steht jedenfalls: Mit solchen Gefahrenlagen sorgte sie für Großeinsätze bei der Polizei. Insgesamt fünfzig Einträge befanden sich über sie in unserem polizeilichen Auskunftssystem. Fünfzig zum Teil schwere Straftaten hatte die Vierzehnjährige in weniger als zwei Jahren begangen. Unter anderem ging es in den Eintragungen um Bedrohung, Freiheitsentziehung, Ladendiebstahl, Unterschlagung von iPhones, Sachbeschädigung, räuberische Erpressung, Körperverletzung und so weiter. Diese fünfzig Taten sind nur das sogenannte Hellfeld. Das Dunkelfeld, also die Vergehen, die nicht zur Anzeige gebracht wurden, aus Scham oder aus Angst, sind dabei nicht mitgerechnet. Bei Intensivtäterinnen wie Anissa bleibt vieles im Verborgenen. Sie war bekannt dafür, ihren Opfern im Nachhinein Gewalt anzudrohen, falls sie jemandem etwas erzählten, sie bedrohte sie sogar mit dem Tod. Aller Wahrscheinlichkeit nach sorgten ihre Einschüchterungsversuche dafür, dass die Delikte gar nicht erst zur Anzeige gebracht wurden.

Davon abgesehen – so leicht gelangt ein Teenager nicht in Untersuchungshaft, das darf man sich nicht als gängige Praxis vorstellen. Bürgerinnen und Bürger lässt das so manches Mal fassungslos und empört zurück. Insbesondere dann, wenn Auszüge aus Strafakten in Zusammenhang mit den Straftaten in der Presse kolportiert werden. Aber wie schon erwähnt: Freiheitsentzug ist das letzte Mittel des Rechtsstaats, denn es gilt: Erziehung vor Strafe. Deshalb ergehen Urteile, bei denen ein Jugendlicher in den Knast muss, erst dann, wenn alle anderen erzieherischen Mittel ausgeschöpft sind.

Das bedeutet auch, dass wir es manchmal mit Jugendlichen zu tun haben, die auf bis zu hundert Eintragungen blicken, mithin begangene Straftaten, und es kommt trotzdem zu keiner Verurteilung. Wir Jugendschützer leiten alle Ergebnisse unserer Arbeit an das LKA weiter, die landen dann irgendwann über den Staatsanwalt beim Jugendrichter. Und wenn sich ein Jugendrichter gegen einen Haftgrund entscheidet, müssen wir das als Polizei mittragen und als Gesellschaft ertragen. Es gilt: Erziehung vor Strafe. So will es unser Gesetz.

Grundsätzlich halte ich das, wie gesagt, für richtig. Im Fall von Anissa blieben bei mir aber Zweifel zurück, ob man hier nicht hätte früher anders entscheiden und sie zu einer Jugendstrafe verurteilen müssen. Jugendstrafe heißt immer Jugendknast. Und so las sich einer der letzten Vermerke, die mein Kollege Helge nach einem Norm- und Hilfegespräch machte, wie folgt: «Anissa scheint gänzlich außer Kontrolle geraten zu sein. Bei ihrer bereits gezeigten hohen Aggression und Bereitschaft, Messer bei Bedrohungen einzusetzen, geht von ihr derzeit ein erhöhtes Risiko aus.»

Selbstverständlich erhielt das Jugendamt den Bericht mit dem alarmierenden Vermerk. Doch auch für das Amt war diese Tendenz keine große Neuigkeit, denn Anissa und ihre Mutter bekamen in Form einer Familienbetreuerin Unterstützung. Zweimal in der Woche besuchte eine Mitarbeiterin des Jugendamtes Anissa und Frau G., um Mutter und Tochter zur Seite zu stehen. Geholfen hatte diese Unterstützung offenbar nicht, denn der Blick in die Akte zeigte, dass Anissas Taten nicht ab-, sondern zunahmen. Und sie wurden immer gefährlicher.

Um ihre Geschichte etwas besser zu verstehen, gehen wir einige Zeit zurück. Die Europa Passage im Herzen der Hamburger Innenstadt haben wir bereits als Treffpunkt vieler Jugendlicher kennengelernt, und Anissa fiel uns dort als Schulschwänzerin auf. Aus diesem Grund nahmen wir relativ schnell den Kontakt zu ihrer Mutter auf, wir haben schließlich hierzulande eine Schulpflicht. Was einige Eltern allerdings nicht wissen, weil sie unzureichend informiert sind: Fehlen Kinder unentschuldigt, gilt das als Ordnungswidrigkeit, die sogar mit einem Bußgeld geahndet werden kann. Ich will hier keinen Bußgeldkatalog auflisten, das ist auch völlig unerheblich für unsere Arbeit, ich möchte nur verdeutlichen: Haben Eltern keine Ahnung, ob ihre Kids in die Schule gehen oder nicht, stimmt oft etwas nicht. Gründe fürs Schuleschwänzen können Angststörungen, Depressionen oder schlichtweg «kein Bock» sein. Das gilt es herauszufinden.

Anissa jedenfalls «chillte» während der Schulzeit ständig in der Innenstadt. Für eine damals Dreizehnjährige war sie ungewöhnlich aufreizend gekleidet. Aber wir waren ja nicht als Outfit-Kontrolle in dem Einkaufszentrum unterwegs, sondern wollten versuchen, mit Anissa ins Gespräch zu kommen. Und das war in ihrem konkreten Fall eine Herausforderung. Bei einer meiner ersten Ansprachen versuchte ich, mit ihr Blickkontakt aufzunehmen, sie lungerte in einem U-Bahn-Eingang nahe der Europa Passage herum. Da wir Jugendschützer unsere Dienstausweise offen und gut zu sehen um den Hals tragen, war ihr bewusst, dass wir von der Polizei waren. Anissa hielt eine Zigarette in der Hand, und ich nickte ihr freundlich, aber bestimmt zu.

«Mollenhauer vom Jugendschutz der Polizei Hamburg. Machst du mal bitte die Zigarette aus. Rauchen ist hier verboten, und du bist sicherlich auch noch nicht alt genug, um in der Öffentlichkeit zu rauchen.»

Anissa reagierte fast gelangweilt: «Du Wichser kannst mir gar nichts. Hol dir doch einen runter.»

Hier war recht schnell klar, dass wir ihre Personalien kontrollieren mussten und den Eltern baldmöglichst ein Norm- und Hilfegespräch anbieten sollten.

Anissa weigerte sich, sie wollte sich nicht ausweisen. Angeblich hatte sie ihren Ausweis nicht dabei. Als ich ihr erklärte, dass wir auch die Möglichkeit hätten, sie mit auf die Wache zu nehmen, um dort ihre Personalien zu überprüfen, wirkte das überzeugend. Ich bin ehrlich gesagt sehr froh darüber, dass es so gut wie kaum vorkommt, dass wir Jugendliche zur Wache fahren müssen. Anissa gab mir ihren Ausweis und die Handynummer ihrer Mutter.

Ich rief die Mutter an und schilderte ihr, warum wir ihre Tochter überprüfen würden. Ohne große Umschweife polterte Anissas Mutter sofort los: «Wieso hat Anissa Zigaretten? Sagen Sie ihr, sie soll sofort nach Hause kommen.»

Einerseits erstaunen mich die Reaktionen der Eltern, mit denen wir es immer wieder zu tun haben, andererseits überraschen sie mich auch nicht mehr. Normalerweise würde man als Elternteil erst einmal perplex sein, wenn die Polizei anruft, weil das Kind dieses oder jenes getan hat. Im Idealfall wäre man sogar in Sorge und würde anbieten, dort zu erscheinen, wo das Kind gerade ist! Doch so ist es selten. Meist wird es laut, es wird vorwurfsvoll, und die Eltern hinterfragen sich und ihre Erziehung so gut wie nie.

«Frau G., Ihre Tochter hat mal wieder geschwänzt, und wir würden gerne zu Ihnen nach Hause kommen, um ein Norm- und Hilfegespräch mit Ihnen zu führen. Und zu den Zigaretten: Können wir diese vernichten oder sollen wir sie sicherstellen und Sie holen sie dann ab?»

«Vernichten Sie die Zigaretten, und kommen Sie nächsten Mittwoch, da habe ich frei», antwortete Anissas Mutter.

Damit nicht zu viel Zeit verging, hielten wir an dem von Frau G. vorgeschlagenen Termin fest.

In dieser Zeit sahen wir Anissa mindestens noch zweimal am Jungfernstieg, einmal davon nach 23 Uhr. Ich forderte sie auf, nach Hause zu gehen, woraufhin sie meinte, sie würde bei einer Freundin schlafen. Natürlich war das eine glatte Lüge, wir waren selber einmal Teenager gewesen und haben oder hatten eigene Kinder in dem Alter. Der älteste Trick der Welt, darauf fielen wir nicht rein. Deswegen rief ich Anissas Mutter an und gab ihr zu verstehen, dass ihre zwölfjährige Tochter am Jungfernstieg abhängen würde.

Die Mutter keifte ins Handy: «Anissa, komm sofort nach Hause. Sonst hole ich dich ab.»

Wir gingen davon aus, dass Anissa nach Hause fuhr. Zumindest nahm sie die Bahn in die richtige Richtung. Wir achteten nur darauf, dass sie die Linie zu ihrer Wohnung nahm, und brachten sie nicht nach Hause – wir sind schließlich kein Taxi-Unternehmen. Außerdem haben wir zu wenig Personal, und leider ist der Jugendschutz der Polizei nicht gerade der Posten, um den sich die Kollegen reißen. Keiner fängt bei der Polizei an, um in irgendeiner Weise dann doch polizeiliche Sozialarbeit zu machen. Das mag eine drastische Formulierung sein, und sie trifft auch nur teilweise zu, sie beschreibt aber den Kern des Problems. «Jugendschutz ist Aufgabe von Sozialarbeitern und nicht von der Polizei», hat mir einmal ein Kollege gesagt. Und es stimmt schon: Wenn ich kurz vor Mitternacht mit Eltern Kontakt aufnehme und sie anrufe, um ihnen mitzuteilen, dass sich ihr jugendliches Kind draußen herumtreibt, bin ich eher polizeilicher Sozialarbeiter als Polizist. Dennoch ist unsere Arbeit wichtig.

Unser Norm- und Hilfegespräch mit Anissa kam zur rechten Zeit, denn wir erschienen bei ihr zu Hause mit einer weiteren Anzeige im Gepäck, und zwar wegen gefährlicher Körperverletzung. Anissa hatte ein Mädchen in eine Parkanlage gelockt und dort zusammengeschlagen. Dabei hatte sie Hilfe: zwei Freundinnen. Diese brutale Tat erinnert unweigerlich an das schlimme Ereignis im März 2023 in Freudenberg, bei der die zwölfjährige Luise unter einem Vorwand in ein Waldstück gelockt wurde. Was zeigt: Die Gewalt unter Jugendlichen (eigentlich noch Kindern) eskaliert.

Ursprünglich hatten wir den Termin am Mittwoch vereinbart, um Anissas Mutter kennenzulernen und um herauszufinden, was mit Anissa eigentlich los war. Jetzt hatten wir diese Anzeige, durch die sich abzeichnete, dass wir es hier mit einer brutalen Täterin zu tun hatten. Anissa hatte zusammen mit ihren Freundinnen das arglose Opfer in den Park geführt, unter dem Vorwand, etwas besprechen zu wollen. In Wirklichkeit schlug sie die dreizehnjährige Malin nach einer kurzen Ansage zusammen. Auch als das Mädchen auf dem Boden lag, trat Anissa noch mehrfach auf sie ein. So geht es aus der Anzeige des Opfers hervor.

Den Tathergang bestätigte Anissa im Verlauf unseres Besuchs. Ihre Freundinnen haben zugeguckt, alles sogar mit dem Smartphone gefilmt. Das Video wurde in diverse WhatsApp-Gruppen gestellt und so verbreitet. Irgendjemand hat es auch auf TikTok geteilt. Malin konnte nach der Prügelattacke aus eigener Kraft aufstehen und war davongerannt.

Wo sollte man angesichts einer solchen Tat mit dem Gespräch anfangen?

Obwohl wir mit Frau G. verabredet waren, öffnete sie uns in einem Haus- beziehungsweise in einem Jogginganzug die Wohnungstür. Sicher, jedem oder jede ist es selber überlassen, wie er oder sie sich kleidet. Aber meiner Erfahrung nach macht es einen Unterschied, ob mir eine Mutter in ordentlicher Straßenkleidung oder in einem Plüschanzug die Tür öffnet. Es ist der erste Eindruck. Und Eindrücke wie ein Jogginganzug oder eine brennende Kippe landen in unserem polizeilichen Bericht. Wertfrei, aber dennoch als Orientierung.

Die Wohnung machte trotz des Zigarettenqualms einen ordentlichen Eindruck. Im lichtarmen Flur hingen in Plastikrahmen mit «Family»-Schriftzug einige Kinderfotos. Ich erkannte Anissa, sie spielte darauf mit anderen Kids. Um den Spiegel waren zahlreiche Plastikrosen drapiert, und ich erkannte abgekratzte bunte Buchstaben auf einer Zimmertür nebenan. Vielleicht wohnte hier noch ein Geschwisterkind. Wir würden es später erfragen.

Während wir uns alle, auch Anissa, im Wohnzimmer gesetzt hatten, zündete sich Frau G. eine Zigarette an. Helge und ich kamen schnell zur Sache. Ich sprach Anissa auf die vorliegende Anzeige von Malin an. Ihre Mutter war bei dem Gespräch keine große Hilfe, sie fuhr mehrfach dazwischen und sagte, sie wüsste, was passiert sei. Was sie damit bezwecken wollte, blieb mir unklar. Machte es das besser, relativierte es etwas, milderte das die Brutalität, mit der ihre Tochter vorgegangen war? Mitnichten. Dann ergriff Anissa das Wort. «Ich werde alles sagen und zugeben. Aber nicht, warum ich das getan habe.»

Wir erklärten ihr, dass das «Warum» jedoch ein wichtiger Punkt in der Aufarbeitung und Aufklärung angesichts dieser schweren Taten sei. Anissa war deutlich erkennbar mit unserer Anwesenheit überfordert und wirkte im Vergleich zu ihren «Auftritten» am Jungfernstieg regelrecht kleinlaut. Plötzlich stand sie auf mit den Worten: «Ich will kurz in mein Zimmer und mich zu Ende schminken. Dann komme ich zurück und rede weiter.»

Anissa hätte die Situation ausnutzen und abhauen können, stattdessen kehrte sie eine Viertelstunde später überschminkt und kaum wiedererkennbar zurück. Es schien, als hätten die Schminke und die auffallend unechten und langen Wimpern ihr Selbstwertgefühl verbessert. In aller Ruhe griff sie sich ihr Smartphone und nahm in unserem Beisein einige Sprachnachrichten auf, in denen sie ihren Freundinnen mitteilte, dass sie sich bald auf den Weg machen würde, aber zu Hause noch ein paar Dinge zu erledigen hätte.

In der Zwischenzeit sprachen wir mit ihrer Mutter.

«Hat Ihre Tochter Hobbys, Interessen, Sport oder irgendetwas, dem sie nachgeht und Spaß daran hat?»

«Nein, glaube ich nicht», erwiderte Anissas Mutter.

Da wäre nichts, ihre Tochter hätte aber auch nie etwas machen wollen. Das wäre vergebliche Mühe gewesen, weil sie so oder so ihr «Ding» mache. Fiona, ihre fünf Jahre ältere Halbschwester, sei ganz anders gewesen, viel umgänglicher. Die sei aber ausgezogen, weil es immer wieder zu Prügeleien unter den Halbschwestern gekommen sei.

Ich hakte ein und fragte, ob es sich bei den Bildern im Flur um die ältere Schwester handeln würde.

«Ja. Das sind Anissa und Fiona. Heute kann man die beiden nicht zwei Minuten alleine in einem Raum lassen. Die gehen sich sofort an», erzählte Frau G.

Anissa hatte ihre Sprachnachrichten beendet, und ich bat sie, ihr Handy auszuschalten. Oder zumindest stumm. Ich erklärte ihr, dass es nicht besonders höflich sei, wenn man in einem wichtigen Gespräch immer wieder zum Handy greifen würden. Anissa legte fragend ihre Stirn in Falten, steckte ihr iPhone dann aber in die Hosentasche.

«Anissa, du hast Malin in den Park gelockt. Das war ein Hinterhalt, denn das andere Mädchen war arglos. Das bedeutet, sie wusste nicht, was ihr geschieht. Sie war hilflos und dir ausgeliefert.»

Meine einfachen Worte arbeiteten in Anissa. Offensichtlich hatte sie das Bedürfnis, über ihre Tat zu sprechen. In knappen Worten antwortete sie: «Wenn ich jemanden nicht mag, dann möchte ich denjenigen sofort schlagen. Ich kann mich da gar nicht zurückhalten, und ich war so heftig sauer auf dieses Mädchen. Ich bin sehr oft voll aggressiv.»

«Was hat Malin denn getan, dass dich so wütend gemacht hat? So wütend, dass du auf sie eingeschlagen hast? Erkläre mir bitte den Grund für dein Verhalten.»

«Ich habe Mikail eine DM auf Instagram geschickt», erzählte Anissa. Offensichtlich wollte sie nun doch über die Auslöser ihrer Tat sprechen.

«Wir haben dann ein bisschen hin und her geschrieben», fuhr sie fort. «Ich kenne ihn vom Jugendclub in Horn. Ich wusste aber nicht, dass er nicht alleine war, als wir so geschrieben haben. Diese Malin war bei ihm und hat wohl angeblich über meine Nachrichten gelacht, meinte Mikail. Ich kenne sie gar nicht. Ich habe diese Malin dann auf Instagram gesucht, und meine Freundinnen haben sie angeschrieben, ob sie in den Park kommen kann. Die haben ihr geschrieben, dass Mikail auch im Park ist.»

Ich bezweifle, dass die Mutter von Anissa wusste, wer die Freundinnen und Freunde ihrer Tochter sind. Und noch mehr bezweifle ich, dass sie eine Ahnung davon hatte, was für Nachrichten sich die Jugendlichen untereinander schrieben. Letztlich ging es um die Anstiftung zu Straftaten, die bereits am Smartphone angefangen hatten. Schwere Straftaten.

Wir besprachen nun zunächst die Tat und die möglichen strafrechtlichen Konsequenzen, wenn Anissa vierzehn wäre. Während des Gesprächs hatte ich jedoch nicht das Gefühl, dass sie Schuldgefühle hatte oder zumindest ein Unrechtsbewusstsein vorhanden war. Schlechte Voraussetzungen für unsere Arbeit – und für das Opfer. Denn häufig können wir eine Entschuldigung arrangieren. Das heißt, wir können ein Treffen unter Aufsicht begleiten oder zumindest einen Brief vom Täter an das Opfer weiterleiten, in dem sich bei dem Geschädigten entschuldigt wird. Das war bei Anissa undenkbar.

Wie immer fragte ich auch Anissa nach ihrer Wut. Die müsse ja irgendwo herkommen.

Anissa meinte, sie hätte große Wutgefühle, seitdem ihr Vater verstorben sei. Da müsse sie sieben oder acht Jahre alt gewesen sein. Ihre ältere Schwester hätte nicht wirklich mitgetrauert, weil die ja noch ihren Vater gehabt hätte. Deswegen sei es auch zu «viel Stress» zwischen ihr und der älteren Halbschwester Fiona gekommen. Außerdem hätten die Beschränkungen durch Corona zu ihrem steigenden Frust beigetragen.

Zum ersten Mal hatte ich das Gefühl, dass sich Anissa wirklich öffnet. Dass ich für den Bruchteil einer Sekunde, ohne einen abschätzigen Blick oder ein entnervtes Augenrollen, den Zugang zu diesem tief verletzten Mädchen bekam. Dieser Moment wurde jedoch jäh unterbrochen, als Anissas Mutter die Erzählungen ihrer Tochter zwar bestätigte, aber sie durch eine süffisant wirkende Mimik zu relativieren versuchte. «Ja, ja. Das stimmt. Anissas Vater ist vor vielen Jahren gestorben. Da war sie aber noch klein und hat eigentlich gar keine Erinnerungen an den Mann. Außerdem hat er uns verlassen, da war Anissa zwei Jahre alt.» Anissa reagierte prompt. Von dem verletzlichen, sich öffnenden Teenager war nichts mehr übrig. Die Ausführungen von Frau G. und die Art und Weise, wie sie sprach, trieben Anissa die Zornesröte ins Gesicht, sie fuhr ihre Mutter an: Sie solle nicht so eine «Scheiße reden», sie hätte «gar keine Ahnung, von gar nichts».

Hier wäre die Hilfe eines Familientherapeuten angebracht, die Wunden sind zu tief und die Familienstruktur ist zu komplex, als dass wir mit einem einstündigen Gespräch etwas hätten lösen können. Wir verblieben so, dass Mutter und Tochter weiterhin mit der Mitarbeiterin des Jugendamts zusammenarbeiten müssten, gerade im Hinblick auf Anissas Aggressionen, die scheinbar nicht innerfamiliär zu klären waren.

Natürlich blieben Anissa und ihre Mutter weiterhin auf unserem Aktenstapel. Allein schon deshalb, weil sie eine Reihe weiterer Straftaten beging und wir sie an den Hotspots immer wieder ins Visier nehmen mussten.

Inzwischen war einige Zeit vergangen, und uns erreichte über einen Streifenwagen folgender Funkeinsatz: «Reclamstraße Nummer 44, Bedrohung zum Nachteil einer Dreizehnjährigen.» Wir machten uns auf den Weg zu der Mutter, die die Polizei gerufen hatte. Noch über Funk erfuhren wir, dass die Eltern in großer Sorge um ihre Tochter Evelyn seien. Sie würde per Instagram und per Handy Morddrohungen erhalten, und zwar von einem anderen Mädchen, das sie nicht kennen würde.

Angekommen bei der Familie L., öffneten uns beide Elternteile die Wohnungstür. Sie sprachen deutsch mit einem osteuropäischen Akzent, sie hatten slowenische Wurzeln. Ihre Angst trug offensichtlich dazu bei, dass sich beim Reden ihre Worte überschlugen bzw. sie gar nicht die richtigen fanden. Sie waren aufgelöst und standen unter Schock.

Helge und ich versuchten erst einmal, die Situation zu beruhigen, um herauszufinden, was genau passiert ist. Frau L. holte ihre Tochter in die Wohnküche dazu. Evelyn war kreidebleich und blickte uns mit großen Augen an. Sie wirkte jünger, als sie war. Zart, schüchtern und noch sehr kindlich. Anders als viele andere Mädchen in ihrem Alter. Evelyn war auffallend hübsch. Wir fanden heraus, dass sie ein Instagram-Profil hatte.

Dort zeigte sie sich auf Fotos, bei denen Filter eingesetzt worden waren. Auf den Bildern sah das zurückhaltende Mädchen aus wie ein Model. Manchmal reicht das aus, um den Hass Gleichaltriger auf sich zu ziehen.

Ich belehrte die Eltern als Zeugen und erklärte, dass eine Bedrohung, weswegen wir ja gerufen worden seien, ein Strafverfahren nach sich zieht. Evelyn verstand uns etwas besser als ihre Eltern und fing an zu erzählen. Sie würde seit dem vergangenen Abend über ihren Instagram-Messenger Drohungen von einem ihr unbekannten Mädchen erhalten. Auf die Drohungen hätte sie nur fragend reagiert. Als diese aber zunahmen, hätte sie die Schreiberin blockiert und die Chatverläufe gesichert. Das ist übrigens etwas, das ich allen Betroffenen raten möchte: Macht Screenshots und sichert die Chat-Verläufe, Sprachnachrichten oder Videos, selbst wenn der erste Impuls ist, sie zu löschen. Sie können, wenn es später zu einem Verfahren kommen sollte, als Beweis dienen.

«Was stand in diesen Nachrichten?», fragte ich Evelyn nun.

«Die Schreiberin hat immer dieselben Worte benutzt», berichtete sie. «‹Ich werde dich Blut schlagen und ich steche dir ins Bein, wenn du in die Schule kommst.›»

Die Täterin nahm die Drohung auch als Sprach-Memo auf, wie wir weiter erfuhren. Wir hörten diese Memos ab und konnten mit ziemlicher Sicherheit sagen, dass es sich in diesen Sprachnachrichten um Anissas Stimme handelte. Evelyn erzählte uns noch, dass es nicht bei den Nachrichten geblieben sei, sie hätte auch Anrufe bekommen, in denen ihr wörtlich mitgeteilt wurde: «Ich steche dich ab, ich schlage dich so lange, bis du blutest. Nähere dich nicht dem Maukestieg, sonst wirst du totgehauen.»

Wir machten Fotos von den Chatverläufen und fügten sie unserem Bericht an das LKA bei. Jede Menge Hass-Nachrichten und Todesdrohungen konnten wir so sichern. Die Sprach-Memos ließen wir uns auf unsere Diensthandys schicken, um diese ebenfalls an das LKA weiterzuleiten. Nachrichten und Drohungen dieser Art nehmen wir generell sehr ernst, egal wie jung oder alt derjenige ist, der sie verfasst hat. Aber da wir als Jugendschützer keine ermittelnde Dienststelle sind, war unser Job bei Evelyn und ihren Eltern erst einmal getan. Wir sind für die Geschädigten da, wir nehmen die Angelegenheit ernst und die Beweise auf. Aber was das Ermittlungsverfahren und eventuelle strafrechtliche Konsequenzen angeht: Das ist Sache der Kriminalpolizei.

Diese Vorgänge wiederholen wir fast gebetsmühlenartig, weil oft die Erwartungshaltung vorhanden ist, dass *wir* die Täter doch endlich ins Gefängnis stecken sollen. So auch bei dem zu Recht völlig aufgelösten Vater von Evelyn. Herr L. war davon ausgegangen, dass wir eine passende Strafe für das andere

Mädchen hätten, dass wir es, am besten in Handschellen, auf das Polizeirevier bringen würden. Ich verstand seine Angst und versuchte zu erklären, dass wir eine Ahnung hätten, um wen es sich bei der Täterin handeln würde. Ich sicherte Evelyns Vater zu, er könne sich bei neuen Bedrohungen jederzeit wieder an die Polizei wenden.

Eine normale Streife hätte eine Anzeige aufgenommen, und aller Wahrscheinlichkeit nach hätte es sehr lange Zeit keine spürbaren Konsequenzen für die Täterin gegeben. Wir hatten aber in diesem konkreten Fall einen Verdacht, wer die Schreiberin der Morddrohungen war. Helge und ich wollten noch am selben Tag zu der mutmaßlichen Täterin fahren, um eine Gefährderansprache bei ihr durchzuführen. Denn nur wenn bei jugendlichen Tätern und Täterinnen eine spürbare Reaktion auf ihre Taten erfolgt, können wir etwas bewegen. Somit darf nur wenig Zeit zwischen der Tat und unserem Erscheinen vergehen.

Wir klingelten bei Frau G., selbstverständlich unangemeldet. Die Mutter von Anissa öffnet uns an diesem Novemberabend die Haustür. «Oh, nee. Nicht schon wieder. Mann, ey. Das kann ja wohl nicht wahr sein.» Mit diesen Worten empfing sie Helge und mich. Für Frau G. war offenkundig, dass wir Polizeibeamte waren, trotzdem waren das ihre ersten Worte. Kein «Guten Abend», kein «Hallo», keine Nachfrage, um was es gehen könnte. Fehlanzeige. Wie sollen deren

Kids denn jemals das kommunikative Einmaleins lernen, wenn es ihnen selbst nicht vorgelebt wird?

Mit sichtlich genervter Miene polterte Frau G. weiter: «Ihr wart doch letztens erst hier, was ist denn jetzt schon wieder?» Da Anissas Mutter weder aufgeregt, nervös oder besorgt wirkte, schien sie zu wissen oder zumindest zu ahnen, dass ihre Tochter etwas verbrochen hatte. Für das Ausmaß ihrer Taten hatte sie für mein Empfinden aber keinen Blick. Den hatte sie bei unserem letzten Besuch schon nicht gehabt. Wir erklärten ihr in wenigen Worten, dass wir zu einer Gefährderansprache gekommen seien und Anissa verwarnen müssten.

«Anissa ist nicht da. Soll ich sie anrufen? Ich kann ihr sagen, dass ihr da seid. Wahrscheinlich hat sie wieder jemanden verkloppt oder so. Ist mir auch egal, irgendwann wird sie sehen, was sie davon hat.» Frau G. bat uns herein, damit die Nachbarn nicht weiter zuhören konnten.

Tatsächlich kreuzte Anissa wenige Minuten später zu Hause auf. Wir hielten uns im Hintergrund, damit sie bei unserem Anblick nicht gleich zu flüchten versuchte. Es gelang, sie war in der Wohnung, und Helge konnte ihr den Rückweg zur Tür abschneiden. Noch bevor ich meine knappe Ansprache machen konnte, fing Anissa zu pöbeln an. Ich unterbrach ihre Pöbeleien, klärte sie über ihre Rechte auf und dass sie Beschuldigte einer Straftat sei. Anissa, die inzwischen vierzehn war, verdrehte mal wieder die Augen und nahm eine aggressive Körperhaltung ein. Sie hob einen Arm zu einer Art Schiedsrichtergeste und keifte, dass sie die Namen der Mädchen haben wolle, die Anzeige erstattet hätten.

Weil die Situation außer Kontrolle zu geraten drohte, zumindest verbal, zählte Helge sie laut und harsch an: «Anissa, du bist jetzt ruhig! Es gibt genau zwei Möglichkeiten. Entweder wir legen dir Handschellen an und bringen dich zur Wache. Da wirst du dann erkennungsdienstlich erfasst. Fotos, Fingerabdrücke und so weiter, das alles dauert ein paar Stunden. Ist uns scheißegal. Wir haben Zeit. Oder du hörst jetzt sofort auf, hier so 'ne Show abzuziehen. Wir sagen dir, was los ist und was du zu tun hast. Hast du das verstanden, kapierst du das?»

Helges Ansage wurde mit respektlosen, aber deutlich leiseren Sprüchen kommentiert. Nun kam ich dazu, meine Gefährderansprache zu machen: «Du bist Beschuldigte einer Straftat, weil du ein anderes Mädchen per Messenger und per Telefon teilweise sogar mit dem Tod bedroht hast. Die Sprach-Memos, die du dem Mädchen geschickt hast, liegen jetzt beim LKA und bei der Staatsanwaltschaft in Hamburg. Du nimmst keinen Kontakt mehr zu Evelyn auf. In keiner Weise darfst du auf die Geschädigte einwirken. In keiner Form. Tust du es dennoch, liegt hier eine Verdunkelungsgefahr vor. Das ist ein Haftgrund. War ich klar und deutlich?»

Anissa zischte zurück, welche Sache ich genau meinen würde. Was uns in dem Moment zeigte, dass Anissa in etliche Taten verstrickt sein musste und selber gar keinen Überblick mehr hatte. Keinen Überblick über ihre Opfer.

Helge ergänzte meine Ansage, indem er die Konsequenzen aufzählte, die die vorliegende Anzeige haben würde. «Anissa, du bist jetzt als Intensivtäterin ausgeschrieben. Dadurch bekommst du ein Obachtverfahren, und die Behörden, unter anderem das Jugendamt, rufen deinetwegen Fallkonferenzen aus. Das bedeutet, dass das Jugendamt hier jede Woche auf der Matte steht und dich bewertet. Und wenn es sein muss, dich auch aus deinem Zuhause nimmt.»

Anissa fuhr sich mit den Händen durchs Gesicht, als hätten wir ihre mindestens vier Zentimeter langen Fingernägel in krassem Pink nicht gesehen. Sie fuchtelte immer wieder sehr gewollt damit herum und gestikulierte wild. «Ich weiß das alles. Ja, ist gut, Mann. Seid ihr jetzt fertig mit eurem Gelaber.» Es kam mir vor, als wollte sie weitere Verwünschungen in unsere Richtung ausstoßen.

Ich unterbrach sie, damit diese sowieso schon sehr angespannte Situationen nicht erneut zu kippen drohte. «Wir sind fertig, ja. Noch ein Ding und das war's dann für dich Anissa. Versprochen.»

Anissa reagierte mit einer abfälligen Handbewegung, einer Art Hau-ab-Geste. Aber da standen wir drüber. Mimik und Gestik von Teenagern entgleisen oft. Wir zählen die Kids an, verwarnen sie, sagen ihnen, dass sie respektlos sind, aber ich erziehe niemanden. Das ist Aufgabe der Eltern. Anissa schien verstanden zu haben, worum es ging. Aber wir hatten den Eindruck, dass es ihr abermals völlig egal war.

Zum Glück bedrohte sie Evelyn nicht mehr. Darüber waren wir froh, denn wir wollen kein zweites Mal kommen.

Eine Weile blieb es ruhig um Anissa. Zumindest landeten keine Strafanzeigen vom LKA bei uns. Für kurze Zeit war sie vom Radar verschwunden. Bis zu dem Tag, als sie für einen Großeinsatz der Polizei sorgte. Fünf Streifenwagen und wir als ziviler Jugendschutz fuhren mit Sonderrechten nach Hamburg-Horn. Der Funkspruch lautete: «Bedrohung, gefährliche Körperverletzung und räuberische Erpressung.» Und mittendrin und Auslöser des Ganzen war Anissa. Sie hatte in einem Jugendclub einem dreizehnjährigen Mädchen eine Jacke abziehen wollen. Offensichtlich gefiel ihr die Jacke so gut, dass sie sie haben wollte. Als sie mit Tritten nicht weiterkam, holte sie sich aus der Küche des Jugendclubs ein zwanzig Zentimeter langes Messer und hielt es dem anderen Mädchen vors Gesicht. Das war eine außerordentliche Situation. Wir haben erfreulicherweise nicht täglich mit messerstechenden Jugendlichen zu tun. Wir kennen Massenschlägereien, Bedrohungen und Körperverletzungen, die sich Jugendliche durch Schläge und Tritte zufügen. Aber Messer werden deutlich seltener eingesetzt als Fäuste.

Da die Bedrohungslage und die Gefahr für Leib und Leben, wie wir im Polizeijargon sagen, aber sehr hoch einzustufen war und Anissa bereits als Intensivtäterin geführt wurde, nahmen wir den Funkspruch sehr ernst.

Am Einsatzort angekommen, sicherten die uniformierten Kräfte den Jugendclub von allen Seiten ab, vier Polizeibeamte gingen in den Club hinein und suchten nach Anissa. Helge und ich kümmerten uns um die Opfer in den Räumlichkeiten, auch um das Mädchen, das mit dem Messer bedroht worden war, während Anissa zusammen mit ihrer Freundin über die Terrassentür zu flüchten versuchte. Dort liefen sie den Einsatzkräften quasi in die Arme und wurden festgenommen. Ohne großes Gerede! Bei einer solchen Lage wird nicht mehr geredet.

Anissa war außer sich, kratzte und spuckte. Sie schrie: «Ihr Hurensöhne, fasst mich nicht an. Lasst mich, nehmt eure scheiß Dreckshände von mir.» Die Kollegen bekamen die Mädchen unter Kontrolle, legten ihnen Handschellen an und brachten sie zum Streifenwagen. Anissas Freundin ließ sich mit deutlich weniger Gegenwehr in Gewahrsam nehmen, ich kannte das Mädchen nicht. Manchmal können wir die Situation etwas beruhigen, da wir, wie in diesem Fall, eine der Täterinnen gut kannten. Aber mit Anissa ließ sich kein Gespräch mehr führen. Sie schrie ohne Unterlass, wobei ich kaum noch verstand, was genau sie brüllte.

Auf der Wache wurde sie durch einen Amtsarzt psychiatrisch untersucht und auf sein Anraten hin in eine geschlossene Psychiatrie gebracht. Das passiert nicht oft, aber von Anissa ging, wie der Amtsarzt bescheinigte, weiterhin eine große Gefahr für andere, aber auch für sie selbst aus, und es gibt Psychiatrien, die sich Jugendlichen in einem solchen Zustand temporär annehmen. Wir informierten Anissas Mutter darüber. Sie schien weder geschockt noch besorgt zu sein. Frau G. wirkte eher ein wenig erleichtert.

Anissa soll, so erfuhren wir später, nach ihrer Entlassung aus der geschlossenen Psychiatrie in verschiedenen Wohngruppen gelebt haben. Sie wurde also aus ihrem Zuhause genommen. Offenbar flog sie aber auch aus einigen Einrichtungen, sonst wären es nicht diverse Wohngruppen gewesen. Alles, was wir über die heute Siebzehnjährige wissen, ist, dass sie sich prostituiert und ihren Lebensmittelpunkt wohl nicht mehr in Hamburg hat. Anissa hat die Kurve leider nicht gekriegt. Vielleicht, weil die strafrechtlichen Konsequenzen ihrer Taten ausblieben oder zu milde gewesen waren. Vielleicht, weil es eine Mischung aus Jugendstrafe und therapeutischer Hilfe hätte geben müssen. Ganz bestimmt, weil sie nicht die Zuwendung bekommen hat, die sie gebraucht hätte.

Inzwischen bin ich der Auffassung, dass einer Täterin wie Anissa nur die Unterbringung in einer Jugendeinrichtung zu einem frühen Zeitpunkt geholfen hätte. Eine Einrichtung mit einer umfassenden Betreuung, mit professioneller therapeutischer Arbeit und einem guten Betreuungsschlüssel. Ohne Kontakt zur Außenwelt, also der Straße, ohne Handy und Social Media.

Zu den Erfahrungen, die mich zu dieser Überzeugung brachten, gehörten auch zwei dreizehnjährige Mädchen aus Billstedt, die insgesamt sechsundsiebzig Autos mit Scheren zerkratzten. Sie arbeiteten sich durch die Straßen und beschädigten ein Fahrzeug nach dem anderen. Teure Autos, Kleinwagen, Sprinter von Handwerkern. Wahllos marodierten sie durch ihr Viertel, weit nach Mitternacht. Irgendwann wurde ein Rentner in einem Mehrfamilienhaus auf sie aufmerksam, knipste geistesgegenwärtig sein Wohnzimmerlicht aus und beobachtete ihre Taten einige Zeit vom Fenster aus. Dann nahm der Senior seinen Mut zusammen und ging raus auf die Straße. Er sprach die Mädchen an, während sie wieder an einem Auto entlangkratzen wollten. Bis hierhin wissen wir in etwa, was passiert ist. Dann wurde es ungenau, denn alles ging ganz schnell.

Die Täterinnen stießen den alten Mann mit den

Worten «Halt's Maul, Opa!» zu Boden und traten hemmungslos auf ihn ein. Eine andere Anwohnerin bekam die Tat mit und alarmierte sofort den Notruf, von dem wiederum wir Wind bekamen und daraufhin zum Ort des Geschehens fuhren. Der Rentner wurde im Rettungswagen sofort ins Krankenhaus gebracht, er hatte mehrere Verletzungen erlitten. Prellungen, Schürfwunden und eine Platzwunde am Kopf. Zum Glück konnte er die Klinik noch in derselben Nacht verlassen.

Wir von der Polizei waren für die Täterinnen zuständig. Auf der Wache zeigte sich, dass wir es mit strafunmündigen Mädchen zu tun hatten. In dem Moment fragten wir uns: Wohin mit den Mädchen, die einen derart großen Sachschaden verursacht und ungezügelt Gewalt angewandt hatten? Die Antwort lag dennoch auf der Hand. Gegen sie konnte nicht ermittelt werden, da ja strafunmündig. Deshalb rief ich beim Kinder- und Jugendnotdienst an und schilderte, was passiert war. Der Mitarbeiter am anderen Ende der Leitung kannte die Mädchen bereits. «Die beiden waren schon mehrfach hier und sind dann nachts direkt wieder abgehauen. Außerdem sind wir aktuell überbelegt und haben keine Kapazitäten mehr», gab er mir knapp zu verstehen.

Ich versuchte also, die Eltern der beiden Mädchen ans Telefon zu bekommen, erwischte aber nur die Mutter von einer der beiden Dreizehnjährigen. Sie reagierte völlig entnervt: «Es ist mir scheißegal, was sie schon wieder gemacht hat. Ich hole sie bestimmt nicht von der Wache ab. Soll sie zusehen, wie sie nach Hause kommt.»

Ich erinnere mich noch sehr genau, wie sich die Mädchen darüber amüsierten, dass wir nicht wussten, wohin mit ihnen. Schlussendlich fuhren wir jede von ihnen jeweils nach Hause. An der Wohnungstür erklärten wir der Mutter des anderen Mädchens, als sie uns schlaftrunken öffnete, dass ihre Tochter eine Straftat begangen hätte. Sie winkte mit den Worten «Dann bekommen wir wohl Post» ab und holte ihre Tochter zur Türe rein. Jene Mutter, mit der wir telefoniert hatten, schlug uns die Tür vor der Nase zu, nachdem sie ihre Tochter in den Flur gezogen hatte. Vielleicht noch zur Erklärung: Wir sind zwar die Polizei, aber die Erziehungsberechtigten müssen uns nicht in ihre Wohnung lassen oder mit uns reden.

Oft wissen wir nicht, welche Maßnahmen vom Jugendamt im Nachhinein getroffen werden. Doch nicht selten habe ich das Gefühl, dass deren Maßnahmen nicht von Erfolg gekrönt sind. Die schwerste Entscheidung, die das Amt treffen kann, wäre eine Entnahme aus der Familie, aber das ist das Letzte, was man will. Denn stets hängt die Frage in der Luft: Wohin mit ihnen, wenn ein Verbleib in der Familie nicht mehr möglich ist, was ist ein geeigneter Ort? Ganz bewusst schildere ich hier diesen Fall. Er soll nicht desillusionieren, aber er soll zeigen: Die Mittel, die wir haben, sind in

Anbetracht der Taten ungenügend. Deshalb finde ich den Begriff «System*sprenger*» auch unpassend: Wir haben nämlich gar kein System und damit auch keinen passenden Rahmen für solche Fälle. Daher können diese Jugendlichen auch nichts sprengen. Sie fordern und überfordern das Jugendstrafrecht, bringen Jugendämter und Sozialdienste dazu, mit den Achseln zu zucken, und lassen ein gesellschaftspolitisches Thema zu Schlagzeilen werden: Es ist die Frage danach, ob das Alter der Strafmündigkeit herabgesetzt werden soll. Ich hatte es schon angerissen. Schnell wird der Ruf nach Knast laut, wenn eine unfassbar erscheinende Tat geschieht, egal wie jung die Täter sind. Ein verständlicher Reflex, wenn die Grausamkeit von bestimmten Taten beleuchtet wird. Doch ein Geschehnis wie etwa das in Freudenberg ist ein bisher einmaliger Fall in der deutschen Rechtsgeschichte. Mit ihm die Herabsetzung der Strafmündigkeit zu begründen und dadurch Jugendkriminalität verhindern zu wollen, ist falsch.

Stattdessen sollten wir uns die Frage stellen: Ändert eine Gefängniszelle das Leben dieser Kinder und Jugendlichen? Kommen friedfertige junge Erwachsene aus einer Haftanstalt? Nein. Viele Kinder- und Jugendpsychologen werden hier zustimmen. Knast kann nicht die Patentlösung für jugendliche Straftäter und -täterinnen sein. Trotzdem müssen wir uns als Gesellschaft vor ebenjenen Kids schützen und weitere Taten verhindern. Eine andere Meinung kann ich als Polizist auch nicht haben, selbst wenn ich jungen Menschen immer Hoffnung und Zuversicht schenken will.

Nur: Wie können wir uns schützen? Aus meiner jahrelangen Arbeit mit scheinbar hoffnungslosen Fällen weiß ich, dass wir spezialisierte Einrichtungen für sie benötigen. Dazu gut ausgebildete Menschen, die in diesen arbeiten und die zu den betroffenen Jugendlichen Beziehungen herstellen. Die Wahrheit ist aber, dass wir in Deutschland kaum geeignete Einrichtungen haben. In Hamburg selbst existieren verschiedene Einrichtungen, in die Jugendliche *verbracht* werden können. Sehr wenige von ihnen sind staatlich, die meisten befinden sich in privater Hand.

Manchmal haben wir Jugendliche auf Weisung des Hamburger Jugendamts in die «Haasenburg» nach Brandenburg gefahren. Die Haasenburg war ein geschlossenes Therapiezentrum für Kinder, Jugendliche und Eltern, eine Einrichtung, die 2013 aufgrund ihrer Unterbringungsbedingungen in die Kritik geriet, was wiederum Ermittlungen von der Staatsanwaltschaft nach sich zog. Im Dezember 2013 wurde das Heim geschlossen. Einrichtungen wie die Haasenburg-Heime sind inzwischen Geschichte und mit ihnen auch geschlossene Unterbringungsmöglichkeiten für strafunmündige Jugendliche generell.

Zur besseren Veranschaulichung des Dilemmas vergleiche ich die akute Krisenhilfe für Jugendliche oft mit einem Besuch beim Arzt. Bei gesundheitlichen Beschwerden sucht man ihn auf, doch er hat feste Sprechzeiten und meist nur tagsüber geöffnet. So verhält es sich mit dem Allgemeinen Sozialen Dienst (ASD). Er ist in Hamburg (und auch anderswo) die erste Anlaufstelle für Jugendliche, die aus verschiedenen Gründen nicht zurück nach Hause gebracht werden können. Zum Beispiel, weil sie zu Hause Opfer von Gewalt geworden sind oder Gewalt gegenüber ihren eigenen Eltern verübt haben, auf der Straße leben oder außer Kontrolle geraten sind. Der ASD arbeitet aber nur tagsüber, weshalb es außerhalb seiner Zeiten den Kinder- und Jugendnotdienst (KJND) gibt.

Der KJND ist wiederum vergleichbar mit einer Notaufnahme im Krankenhaus. Er sorgt für eine Unterbringung, die aber nicht als Dauerlösung gedacht ist. Sie erfolgt nur so lange, bis das Jugendamt entschieden hat, wie weiter zu verfahren ist.

KJND und Jugendamt sind allerdings chronisch überlastet. Durch die Folgen der Pandemie, den Krieg in der Ukraine und die vielen Geflüchteten aus verschiedenen Ländern gibt es eine steigende Zahl von Kindern und Jugendlichen, die sich in einer Notunterbringung aufhalten. Häufig kommt es in ihnen zu Auseinandersetzungen mit teilweise schwerer körperlicher Gewalt. Das hält auch die Polizei auf Trab.

Da der KJND keine geschlossene Einrichtung ist, hauen immer wieder Jugendliche von dort ab, was weitere Polizeikräfte zur Vermisstensuche bindet.

Alles in allem ist das keine befriedigende Situation. Mittels des Familien- und Jugendhilferechts werden die Täter und ihre Familien von den Jugendämtern mit pädagogischen Maßnahmen begleitet. Die Jugendämter müssen dabei eng mit dem Kind oder Jugendlichen arbeiten. Allerdings kann dies schwierig werden, wenn die Eltern nicht am selben Strang ziehen.

Als letzte Maßnahme gibt es dann nur noch die Möglichkeit, den Eltern über das Familiengericht das Sorgerecht zu entziehen. So könnte das Kind oder der Jugendliche in eine völlig neue Umgebung integriert werden, unter Einbeziehung pädagogischer Hilfen. Dafür braucht es aber wiederum betreuungsintensive Einrichtungen.

Helge und ich hatten einmal mit einem Jungen zu tun, bei dem keiner wusste, wohin mit ihm. Der zehnjährige Marvin war zunächst in der Schule aufgefallen. Dort hatte er nicht nur massiv den Unterricht gestört, sondern auch regelmäßig die Lehrkräfte mit Stühlen beworfen. Helge setzte sich daraufhin mit den betroffenen Lehrern und Lehrerinnen zusammen, weil die Gewaltmeldungen in der Schule nicht abrissen. In dem Gespräch kam heraus, dass Marvin aus schwierigen, um nicht zu sagen aus desolaten Verhältnissen kam. Der Junge war häufiger mit blauen Flecken an den Armen im Unterricht erschienen, einmal sogar mit einem Veilchen unter dem Auge. Die Schulleitung hatte dann auf Initiative eines Lehrers das Jugendamt informiert:

Verdacht auf Kindeswohlgefährdung. Doch durch die strengen Datenschutzrichtlinien konnten weder Helge noch der Lehrer in Erfahrung bringen, inwieweit das Jugendamt bei Marvin bereits tätig geworden ist.

Helge blieb aber beharrlich und schickte weiter mahnende Berichte an das Jugendamt, auch wenn ihm klar war, dass er wahrscheinlich nie erfahren würde, was weiter mit Marvin geschah. Eines Nachts griff er den Jungen auf. Marvin war betrunken und orientierungslos. Als er realisierte, dass wir ihn nach Hause zu seinen Eltern bringen wollten, drehte er durch. «Ich will nicht nach Hause!», schrie er immer wieder.

Helge brachte Marvin zum Kinder- und Jugendnotdienst. Die Mitarbeiter und Mitarbeiterinnen dort hätten ihn am liebsten nach Hause geschickt, da sie keine Kapazitäten für Marvin hatten. Doch Helge blieb erneut beharrlich. Er wusste, dass der KJND die Pflicht hatte, den Jungen aufzunehmen. Kurz danach wurde das Jugendamt tätig. Es nahm Marvin in Obhut, nahm ihn seinen Eltern weg, wenn man so will. Er kam nach Flensburg in ein Jugendschutzhaus, das sich auf solche Kinder spezialisiert hat. Wird ein Kind oder Jugendlicher in ein anderes Bundesland verbracht, so wie in diesem Fall von Hamburg nach Schleswig-Holstein, verliert sich seine Spur. Da ist für uns als Jugendschützer kein Rankommen mehr.

Wie es der Zufall aber will, traf Helge Marvin einige Jahre später wieder. Er kam gerade von einem Besuch im Haus der Jugend, als er auf der Straße hinter sich eine Stimme hörte.

«Sind Sie nicht Herr Westphal, der Franzose?»

Helge drehte sich um. Marvin hatte sich äußerlich verändert, doch Helge war seinem Kleidungsstil treu geblieben und trug nach wie vor sein Barett, dem er seinen Spitznamen zu verdanken hatte. «Ja, der bin ich. Und wer bist du?»

«Ich bin's, Marvin aus Horn, wissen Sie noch? Sie haben mich damals zum KJND nach Alsterdorf gefahren, und die haben mich dann nach Flensburg gebracht.»

Da klingelte es bei Helge. «Na klar erinnere ich mich. Wie geht es dir, Marvin? Du bist wieder in Hamburg?»

Marvin konnte sich ein Grinsen nicht verkneifen. «Wenn Sie nicht gewesen wären, wäre es mit mir nicht gut weitergegangen. Ich habe zwei Jahre in Flensburg in Wohngruppen gelebt. Dort bin ich auch von der Grund- auf die Realschule gewechselt. Als sich meine Mutter endlich getrennt hat, hat mich das Jugendamt zurück nach Hause gebracht. Jetzt bin ich auf einer Gesamtschule und mache nächstes Jahr meinen Abschluss.»

Es war Helges Hartnäckigkeit zu verdanken, dass das Jugendamt Marvin aus seiner Familie genommen hatte. Und gleichzeitig war es ein Fanal für die Arbeit des Jugendschutzes. Die Inobhutnahme ist wie gesagt die einschneidendste Maßnahme, die ein Jugendamt treffen kann, bei Marvin und seiner Mutter war sie aber eine Notwendigkeit. Das Personal in der Flensburger Einrichtung konnte eine Beziehung zu Marvin aufbauen, es überließ ihn nicht sich selbst und konnte ihm Perspektiven aufzeigen. Das ist Teil und gleichzeitig Lösung des Problems: Psychologen und Pädagogen ohne Work-Life-Balance. Ich formuliere das so provokant, weil problematische Jugendliche keinen Feierabend kennen. Sie brauchen Bezugspersonen, die über das normale Maß hinaus mit ihnen zusammenarbeiten, auch außerhalb von Regelarbeitszeiten. Das ist ein frommer Wunsch und widerstrebt allen arbeitsrechtlichen Leitlinien, das ist mir bewusst, aber nur so kann es gelingen, langfristig zu Härtefällen wie Marvin vorzudringen und positiv auf sie einzuwirken.

Damit sind wir wieder bei der Ausgangsfrage, wie wir mit Kindern und Jugendlichen verfahren sollen, bei denen das System versagt. Eine eindeutige Antwort gibt es nicht. Ich weiß nur: Wer sie wegsperrt, wie zum Beispiel in die Jugendstrafanstalt Hahnöfersand, wird wahrscheinlich eine vielfach problematischere Erwachsenenversion von ihnen bekommen. Deshalb bin ich froh, dass es in Hamburg, aber auch bundesweit private Vereine und Träger gibt, die die Arbeit mit schwierigen Kids übernehmen. Doch eine Gesellschaft wie die unsere sollte – und kann! – sich auch staatliche Lösungen leisten. Wenn das Angebot deutlich ausgebaut werden würde, wäre dies der perfekte verlängerte Arm unserer Arbeit beim Jugendschutz.

14

Zu jedem Täter gehört ein Opfer – die andere Seite

Jeder Täter, jede Täterin und jede einzelne Tat ist mit einem Opfer verbunden. Je nach Schwere der Tat sogar mit mehreren. Die betroffenen Menschen sind nachhaltig beeinträchtigt, körperlich wie psychisch. Nach meiner Erfahrung sind die seelischen Schäden nicht selten deutlich größer und lang anhaltender als die physischen. Bisher habe ich mich viel mit Straftaten und ihren Hintergründen, Intensivtätern und ihren Motiven beschäftigt, generell mit Tätern. Junge Menschen, die wir aufsuchen, um weitere Taten und weitere Opfer zu verhindern. Wir kümmern uns aber auch um die andere Seite, die Opfer. Sie bleiben meist auf der Strecke, weil sich um sie keiner so recht bemüht. Hilfe für Opfer von Gewalttaten ist im System oft nicht vorgesehen. Doch unser Instrument der Norm- und Hilfegespräche ist für beide Seiten da. Bei Geschädigten nennen wir es nur Hilfegespräch. Und wenn es erforderlich ist, bleiben wir auch ein paar Stunden bei ihnen.

Geschädigte werden häufig als Opfer bezeichnet, unabhängig davon, in welcher Weise der- oder diejenige geschädigt wurde, ob durch einen Diebstahl oder durch Gewalt. Auch psychische Gewalt und Mobbing zählen dazu. Wenn wir die betroffenen Familien aufsuchen, bezeichnen wir im Gespräch die Opfer allerdings nicht als solche. Denn das Wort «Opfer» ist in der Jugendsprache ein Schimpfwort. «Du Opfer!» – so werten sich die Jugendlichen gern untereinander ab, manchmal sogar schon in Grundschulen, auf dem Schulhof und in den sozialen Medien. Wie auch immer, dieses Wort ruft bei Betroffenen eine negative Assoziation hervor.

Mit geschädigten Jugendlichen, die Gewalttaten erlebt haben, führen wir Hilfegespräche, insgesamt kann dies dreimal in Anspruch genommen werden. Darüber hinaus können Jugendliche und ihre Eltern uns aber weiterhin kontaktieren, entweder per E-Mail oder sie rufen in der Dienststelle an. Das ist etwas, worauf ich sehr stolz bin. Wir sind immer da, geben Halt und hören zu. Mit einigen Schulen haben wir einen engen Austausch, weshalb sich auch Lehrkräfte an uns wenden. Und wenn es sein muss, komme ich sogar zum Elternabend und widme mich den Sorgen und Nöten der Eltern. Wir könnten hierfür viel mehr gut ausgebildetes Personal gebrauchen, da die Straftaten unter Minderjährigen, wie gesagt, zunehmen und wir im Grunde mit den Tätern ausreichend ausgelastet sind. Und mehr Taten heißt: weitere Opfer. Weitere Opfer bedeutet wiederum für die Gesellschaft (und die Polizei) noch mehr verhaltensauffällige Jugendliche.

Besonders problematisch kann es werden, wenn am Ende aus früheren Opfern Täter werden.

Die Gespräche mit Familien, bei denen das Kind Opfer einer Straftat wurde, gehen wir völlig anders an als die mit den Tätern. Natürlich belehren wir sie zunächst auch rechtlich, also über die zivilrechtlichen Möglichkeiten. Aber im Kern geht es um viel mehr, nämlich um die Frage: Wie werde ich kein Opfer mehr? Um das zu klären, habe ich mir das eine oder andere Konzept selbst erarbeitet, basierend auf meiner Erfahrung als Polizist und der Tatsache, dass ich früher selber einmal Opfer einer Gewalttat wurde.

Die meisten Geschädigten kommen aus einem ähnlichen sozialen Umfeld wie die Täter. Doch mit Blick in meine Akten kann ich feststellen, dass die Geschädigten auch aus sogenannten guten Familien kommen, aus einem stabilen Umfeld, mit Eltern, die sich kümmern und in sehr großer Sorge um ihr Kind sind. Ein solches Kind war Nils. Der Gymnasiast war damals elf Jahre alt, ein kleiner, für sein Alter eher schmächtiger Junge, der Fußball liebte. Nils hatte eine sehr fürsorgliche und liebevolle Mutter. Frau Sch. lebte von dem Vater ihres Sohnes zwar getrennt, aber Nils hatte einen guten Kontakt zu ihm, regelmäßig konnte er seinen Papa sehen.

Als wir die beiden aufsuchten, fiel mir auf, dass Nils sehr schüchtern war. Helge und ich durften in der Wohnküche Platz nehmen, Nils und seine Mutter saßen uns auf einer Eckbank gegenüber. Zwischen Mutter und Sohn passte fast kein Blatt Papier, der Junge kuschelte sich regelrecht an Frau Sch., die schützend seine Hand nahm. Das sind die Momente, die mir zeigen, wie wichtig es ist, dass wir nicht nur die Täter anhören, sondern auch den Opfern Raum geben. Denn nachdem die Anzeige aufgenommen worden ist, spricht keiner mehr mit ihnen.

Schnell hatte ich das Gefühl, dass der Junge Schlimmes erlebt haben musste. Für ihn Schlimmes! Denn nicht die Schwere der Tat ist entscheidend für die Spuren, die sie hinterlässt, sondern wie ein Opfer damit fertigwird. Nils kam mit dem, was ihm passiert war, scheinbar nicht zurecht. Ich erklärte Frau Sch., dass sie neben der strafrechtlichen Verfolgung die Möglichkeit hätte, die Körperverletzung, die ihrem Sohn angetan wurde, auch zivilrechtlich zu verfolgen. Dabei geht es um Schadensersatzansprüche. Frau Sch. war sehr daran interessiert und stellte zu Beginn des Gesprächs viele gezielte Fragen. Ein bisschen mutete die Situation an, als wäre sie Nils' Anwältin. Aber das ist verständlich. Auch Eltern erleben ein Trauma, wenn das eigene Kind aus dem Nichts Opfer einer Gewalttat wurde. Deswegen ist es so wichtig, dass wir bei unseren Gesprächen mit dem Opfer und den Eltern sprechen, um Erlebtes gemeinsam aufzuarbeiten – auch wenn wir natürlich keine Psychologen oder Traumaexperten sind.

«Nils, magst du uns erzählen, was dir passiert ist? Wir wissen, dass du das alles schon dem LKA berichtet hast, aber schildere es uns bitte doch noch einmal.»

Der Elfjährige kauerte neben seiner Mutter. Sein Körper in einer Abwehrhaltung, als würde er sich kleiner machen, als er ohnehin schon war. Alles an Nils wirkte weich und zerbrechlich.

Nils' Mutter intervenierte: «Eigentlich möchte mein Sohn nicht mehr darüber sprechen, er will das alles einfach nur vergessen.»

«Frau Sch., das können wir gut verstehen. Aber geben Sie Nils die Möglichkeit, das Erlebte noch einmal zu besprechen. Sie werden sehen, ich möchte auf etwas hinaus. Ich möchte nämlich, dass Nils kein Opfer mehr wird.»

Nils fing durch meine Worte zu sprechen an. Sehr leise, dafür aber wortgewandt und ausführlich. «Ich war mit meinen Freunden in Altona auf dem Ascheplatz Fußball spielen. Wir hatten uns dort zu dritt verabredet und haben uns im Tor abgewechselt. Auf der gegenüberliegenden Seite des Platzes ist auch ein Tor, dort spielten andere Kinder und Jugendliche. Irgendwann sind sie auf unsere Seite gekommen und haben zugeguckt. Erst haben sie sich über mich lustig gemacht, weil ich einige Tore verschoss, dann haben sie uns immer wieder den Ball weggenommen ... und dann ...» Nils hatte einen Kloß im Hals. Seine Stimme wurde brüchig und er begann, mit den Tränen zu kämpfen, fuhr aber fort. «Die haben uns den Ball immer wieder weggenommen, und meine zwei Freunde und ich beschlossen, besser zu gehen. Aber wir wollten nicht ohne unseren Ball gehen. Ich wollte gerade einen der anderen Jungen fragen, ob sie uns den Ball zurückgeben können, da habe ich einen Tritt in den Rücken bekommen und bin auf den Boden gefallen.»

Nils erzählte uns noch, wie weiterhin auf ihn eingetreten wurde, auch als er schon am Boden lag. Es war Glück, dass die anderen Jungen von ihm abließen, da der Hauswart der Vereinsanlage die Attacke sah und über den Platz «Aufhören! Hört sofort auf!» schrie. Allerdings hatten die umherstehenden Jungs die Szene gefilmt. Es war davon auszugehen, dass dieser Angriff an diverse WhatsApp-Gruppen geschickt wurde. Nils wusste von dem Filmen, weil seine Freunde es beobachtet und ihm hinterher gesagt hatten. Beide hatten nicht den Mut gehabt einzugreifen, sondern waren im Hintergrund geblieben.

Während Nils uns alles berichtete, wurde seine Mutter immer nervöser. Sie knibbelte an ihren Händen herum, und an Wangen und Hals zeichneten sich hektische rote Flecken ab. Ihre Atmung wurde hörbar flacher, und ihre Stirn fing zu glänzen an. Stress, Adrenalin, Wut. Alle Zeichen des Körpers stehen auf Flucht oder Angriff. Doch nichts von beidem ist möglich, außer darüber zu reden, dachte ich und nickte Frau Sch. beschwichtigend zu.

Fakt war: Es war schrecklich, was Nils erleben musste. Glücklicherweise hatte er nur Prellungen davongetragen und keinen Tritt gegen den Kopf bekommen. Aber darum ging es nicht, sondern wie Nils damit zurechtkam. Das war äußerst schwer herauszufinden. Nils, so erfuhren wir, war ein guter Schüler. Er war in einem Leichtathletik-Verein und ging mit seinem Vater angeln, wollte später einmal einen Angelschein machen. Bisher hatte er überhaupt keine Berührungspunkte mit körperlicher Gewalt gehabt.

In unserem anschließenden Bericht schrieben wir, dass Nils noch lange brauchen würde, um die Tat emotional zu verarbeiten. Das Gleiche galt für seine zwei Freunde, die alles hatten mitansehen müssen.

Es gibt immer wieder Eltern, die solche Taten verharmlosen. Eltern von Tätern, aber auch von Opfern sind manchmal der Ansicht, dass Jungen sich raufen und ihre Kräfte messen müssen. Aber hier handelte es sich um eine Gewalttat, genau genommen um Körperverletzung. Für das Opfer Nils mit Langzeitfolgen, denn er erzählte uns, dass er sich seit dem Angriff nicht mehr auf den Bolzplatz getraut hätte. Ganz ähnlich wie bei Gesprächen mit Tätern versuche ich auch bei denen mit Opfern, in Bildern zu sprechen. So lag es mir bei Nils in einem zweiten Gespräch am Herzen, mit ihm das Wort O-P-F-E-R buchstäblich zu zerlegen.

«Das O», erklärte ich ihm, «steht für offene Augen der Umwelt gegenüber. Für sensibilisiert, jedoch nicht ängstlich, sondern mit Vorsicht durchs Leben zu gehen.» Ich gab parallel seiner Mutter zu verstehen, dass es immer wichtig ist zu wissen, wo das Kind ist.

Ich fuhr fort: «Das P steht für Plan. Wie komme ich aus der Situation heraus? Kann ich auf den Täter mit Worten einwirken? Kann ich um Hilfe rufen? Ist da jemand, der mich sieht oder hört? Oder kann ich der Situation entrinnen, bevor ich mich mittendrin befinde?»

Während ich das Wort «Opfer» sezierte, schauten mich Nils und seine Mutter fragend an. Ein bisschen verloren wirkten sie, und ich versuchte, sie wieder abzuholen. «Nils, du wirst in Zukunft kein Opfer sein, und du warst auch vorher zu keinem Zeitpunkt eines. Wir überlegen uns jetzt gemeinsam, was dir da passiert ist und wo du das Erlebte in deinem Kopf verstaust. Okay?»

«Gut. Machen wir», entgegnete Nils mit einem leichten Lächeln.

Es ist in einer solchen Situation nicht entscheidend, dass ich vor Ort eine Patentlösung aus dem Hut zaubere. Das kann ich auch nicht in ein, zwei Stunden. Wichtiger ist vielmehr, den Eltern und dem Kind Mut zu machen und die Risse im Selbstbewusstsein ein wenig zu kitten.

«Beim F», erklärte ich Nils, «geht es um fremde Hilfe. Wen kann man als Opfer kontaktieren? Die Polizei, die Schule, aber auch das Jugendamt, um sich therapeutische Hilfe zu suchen, oder den Weissen Ring. Diese Einrichtung hat auch Angebote für Opfer von Gewalttaten. Das E wiederum steht für Erzählen. Wenn man Opfer einer Tat geworden ist, muss man drüber sprechen. Mit den Eltern, mit Lehrern, mit Freunden. Mit jedem, der einem nahesteht oder von dem man denkt, er sei der richtige Empfänger. Nils, genau das hast du getan, und damit hast du schon so vieles richtig gemacht. Denn wenn man nicht darüber spricht, kann aus Angst auch Wut werden. Und wenn du Wut in dir trägst, dann muss die irgendwann mal heraus. Weißt du in etwa, wie ich das meine?»

Nils nickte, und seine traurigen Augen wurden für den Bruchteil einer Sekunde zu Schlitzen. Ich war froh, dass ich sein Interesse geweckt hatte, denn auch der schmächtigste und schüchternste Junge kann emotional kippen, dann wird aus einem Opfer mit zeitlicher Verschiebung ein Täter. Und wenn es ein jüngeres Geschwisterkind oder ein Haustier ist, das darunter leider muss. Bei Nils gab es keine Anzeichen für eine solche Entwicklung, aber von Menschen, die als Kind gemobbt wurden, ist durch verschiedene Studien bekannt, dass sie als Erwachsene größere soziale Schwierigkeiten haben als Personen, die nicht gemobbt wurden.

Die Buchstaben kritzelte ich mal wieder auf meinen DIN-A4-Block, zusammen mit Strichmännchen. Wir kamen zum letzten Buchstaben. Nils rutschte etwas unruhig auf der Sitzbank herum, aber er wirkte immer noch neugierig.

«Okay, Nils. Wir haben es gleich geschafft. Das R steht für den richtigen Weg. Was können wir machen, damit du kein Opfer mehr wirst? Wie gehst du Stress aus dem Weg? Und wie kannst du das Erlebte am besten verarbeiten?»

All diese Fragen erörterten wir anschließend zusammen mit Nils. Nils schien ein wenig gelöster zu werden, sein Blick öffnete sich. Er meinte schließlich, dass er mit seinen Freunden noch mal über die Sache reden wolle, um vielleicht wieder gemeinsam Fußball spielen zu können. Wir besprachen noch, welche Hilfsangebote es für ihn geben könnte, welche überhaupt infrage kämen. Nils hatte kein Interesse an Selbstverteidigungskursen, er wollte nur wieder ohne Angst bolzen. Ich riet ihm und seiner Mutter, vorerst einen anderen Bolzplatz aufzusuchen und alles noch mal mit einem Schulpsychologen zu besprechen – falls nötig.

Im weiteren Verlauf des Gesprächs stellte sich heraus, dass Nils' Mutter nach der Tat versucht hatte, die Täter auf eigene Faust ausfindig zu machen. Die kleine und zierliche Frau, die sich höflich und distanziert artikulierte, hat sich in Hamburg-Altona auf die Suche nach den jugendlichen Schlägern gemacht. Damit hatte sie sich in eine Gefahrensituation begeben, denn sie hätte den Heranwachsenden nichts entgegenzusetzen gehabt. Nicht einmal verbal.

Als sie mir von ihren privaten Ermittlungen berichtete, die aber zu keinem Ergebnis geführt hatten, fuhr ich ihr in die Parade. «Frau Sch., bitte unterlassen Sie solche Aktionen. Sie und Nils sind ein prima Team, wirklich. Und Sie sind eine starke Frau und tolle Mutter. Aber verlassen Sie sich auf die Arbeit der Polizei und unternehmen Sie keine derartigen Alleingänge mehr. Damit bringen Sie sich unnötig in Gefahr.»

«In Ordnung. Ich wusste einfach nur nicht weiter, ich stand unter Schock», sagte Frau Sch. und strich ihrem Jungen über den Kopf.

Am Ende des Termins erklärten wir Frau Sch., dass wir auch weiterhin für sie und Nils ansprechbar sein würden. Per E-Mail oder auch telefonisch, wenn es dringend sei. Frau Sch. wirkte sichtlich überrascht über diese Information und steckte unsere Visitenkarte in ihren Organizer.

Zwei Monate später erhielten wir eine E-Mail. Sie schrieb, dass ihr Sohn inzwischen wieder Fußball spiele, allerdings im Verein. Er wollte in einer Mannschaft spielen, weil er sich dort sicherer fühle.

Echte Freunde

Hätte Lara wahre Freunde gehabt, in ihrem Fall eine wahre Freundin, wäre sie nicht in die missliche Lage gekommen und Opfer einer Gewalttat geworden. Die

Fünfzehnjährige hatte eine Verabredung mit einem anderen Mädchen, um etwas zu klären, es ging um Schuhe. Aber in Wirklichkeit sollte nichts mit Worten geklärt werden, sondern mit Schlägen und Tritten. Angeblich hätte Ebru, die Freundin von Lara, einem von der Schlägerin geposteten Foto kein Like gegeben, sondern sich über deren Schuhe lustig gemacht. «Voll die billigen Fake-Teile», soll sie einem anderen Mädchen über Messenger geschrieben haben. Von diesem Twist wusste Lara aber nichts, denn Ebru teilte ihr gar nicht mit, worum es ging und wohin Lara sie begleiten sollte.

Lara hatte nach diesem Treffen geprellte Rippen und Schürfwunden an Händen und Knien, aber das war noch nicht alles: Sie hatte auch einen Schlag gegen den Kopf bekommen und seither Probleme mit dem Hörvermögen auf der rechten Seite. Also eine richtig schlimme Sache. Wegen einer Nichtigkeit.

Wir besuchten Lara und ihre Familie in Hamburg-Horn in einem gepflegten Mehrfamilienhaus. Der Wegesrand zur Eingangstür war mit Stiefmütterchen gesäumt, in den Fenstern hing Osterdekoration, offenbar selbst gebastelt. Heimelig wirkte es, gut behütet, wie so oft, wenn wir zu Opfer-Gesprächen fahren. Im ersten Stock des mit weißem Putz sanierten Wohnhauses wohnte Familie F. Laras Mutter öffnete uns die Tür. Sie hatte uns schon vom Fenster aus gesehen, wahrscheinlich sogar dringend erwartet und den Summer für die

Eingangstür gedrückt, bevor wir klingeln konnten. Im Flur hinter ihr stand Lara und dahinter wiederum ein Mann. Jeder von ihnen grüßte, ein nettes Empfangskomitee, dachte ich. Dann huschte ein kleines Mädchen an die Seite von Lara. Scheinbar die jüngere Schwester.

Da ich aus dem Bericht des LKAs wusste, was Lara passiert war, dachte ich auch: Wie verkraftet so eine Familie eine derartige Tat wohl? Die Antwort liegt auf der Hand. Meistens schlecht bis gar nicht.

Frau F. bat uns hinein, und wir nahmen alle im Wohnzimmer am Esstisch Platz. Ich erfuhr, dass Laras leiblicher Vater nicht mehr bei der Familie lebte. Der Kontakt sei sporadisch, aber er sei vorhanden. Zu dem neuen Lebensgefährten von Frau F. sagte Lara aber «Papa», das war mir gleich zu Beginn aufgefallen. Dann wurde mir erzählt, dass Lara es bisher nicht ganz leicht hatte, da sie auf eine Förderschule gehen würde und dort einige Probleme hätte. So sehr, dass sie aufgrund von Depressionen bereits in psychologischer Behandlung gewesen sei. Die Probleme schienen so schwer zu wiegen, dass Lara sich selbst an den Armen verletzte.

«Magst du mir erzählen, was für Probleme du in der Schule hattest?», fragte ich sie, nachdem wir uns vorgestellt hatten.

«Ich wurde oft geärgert, auch in WhatsApp-Klassen-Chats. Und ich habe niemanden gehabt, der mit mir die Pausen verbringen wollte. Auch deswegen habe ich angefangen, mich zu ritzen, und meine Mutter hat mir dann auch Hilfe bei einem Arzt geholt.» Lara verschränkt schützend ihre Arme, zieht ihre Schultern hoch und ergänzt, dass sie die Verletzungen keinem zeigt. Auch uns nicht.

«Das ist in Ordnung. Doch deswegen sind wir nicht hier. Wir sind hier, weil du Geschädigte einer Gewalttat wurdest. Jetzt wollen wir über die Anzeige sprechen, die deine Mutter richtigerweise gemacht hat. Einverstanden?»

«Ich wollte das eigentlich gar nicht. Ich habe sehr große Angst, und zu Ebru habe ich den Kontakt abgebrochen.»

Lara wurde im Verlauf des Gesprächs leiser und sank immer mehr auf ihrem Stuhl in sich zusammen. Nach mehreren Anläufen und auf Zureden ihrer Mutter schilderte sie dann, wie sich alles zugetragen hatte.

«Dann ist alles ganz schnell gegangen. Nach einem kurzen Wortgefecht zwischen Ebru und einem anderen Mädchen gingen zwei weitere Mädchen auf mich los. Ein Mädchen schlug mir mit voller Wucht mit der flachen Hand gegen die Wange, das andere riss mich an den Haaren zu Boden. Kurz habe ich ein Rauschen gehört. Ich habe nur noch die Arme vor den Kopf gehalten. An mehr kann ich mich nicht erinnern.»

Während der Erzählung begann sie zu weinen. Später schrieben Helge und ich im Bericht an das LKA, dass die Fünfzehnjährige psychisch stark unter dem Geschehenen leidet.

Sie fuhr aber fort darzulegen, was danach geschah, als sie den Film von der Schlägerei zu sehen bekam. Mit tränenerstickter Stimme sagte sie: «Man kann mich auf dem Video gut erkennen, also, ich erkenne mich. Andere mich auch. Und ich werde hier in Horn sogar auf der Straße von einigen darauf angesprochen. Ich schreie in dem Video und habe darum gebeten, dass sie aufhören sollen. Auf Instagram und TikTok wurde das Video auch kommentiert. Die schreiben darunter ‹Was für ein Opfer› und ‹Sie kreischt wie ein kleines Mädchen›, so was steht da.»

Natürlich gab es ein Handyvideo von der Tat. Würde ich Fälle heraussuchen müssen, in denen keine Handykamera zum Einsatz kam, müsste ich inzwischen lange suchen. Das LKA hatte das Video als Beweismittel vorliegen und uns zur Verfügung gestellt, so konnten wir herausfinden, ob wir mit den Täterinnen schon einmal Kontakt hatten. Sie waren uns unbekannt.

Nachdem Lara uns alles geschilderte hatte, fing ich an, mit ihr in die «Opferarbeit» zu gehen. Es läuft jedes Mal ähnlich ab, so versuche ich, ein Gefühl für die Familie zu bekommen. Dazu beobachte ich das Miteinander oder versuche, Antworten auf Fragen zu bekommen: Wird dem Kind oder dem Jugendlichen zugehört? Werden seine Sorgen und Ängste ernst genommen? Sind die Eltern bereit mitzuarbeiten? Sind sie offen für unsere

Hilfsangebote? Gibt es in der Familie einen vertrauensvollen Umgang miteinander? Anschließend arbeite ich das Geschehene mit der geschädigten Person auf, stets mit dem Ziel, dem Kind oder dem Jugendlichen wieder Selbstvertrauen zurückzugeben. Gemeinsam soll sich herauskristallisieren, wie es weitergehen kann – und wie man kein Opfer mehr wird.

Das Wichtigste hatte Lara bereits getan, sie hatte sich ihren Eltern, ihrer Mutter anvertraut und den Kontakt zu der vermeintlichen Freundin abgebrochen. Ich bestätigte sie in ihrem Handeln und riet ihr, auch in Zukunft keinerlei Kontakt zu Ebru aufrechtzuerhalten.

Bei Lara war mir aufgefallen, dass sie ein sehr kluges und aufgewecktes Mädchen war. Als ich sie nach Hobbys und Interessen fragte, zeigte sie uns voller Stolz Tanzvideos mit eigenen Choreografien. Sie schien offensichtlich sehr viel Spaß daran zu haben. Das Problem war nur, dass sie diese Videos bei TikTok hochlud – damit waren sie für jeden sichtbar und konnten kommentiert werden. Ich wandte mich an Frau F., von der die Anspannung der letzten Stunde ein wenig abgefallen war. Sichtlich war sie auch stolz auf die Fähigkeiten ihrer Tochter, doch ich musste sie – wie so oft – auf die Gefahren von Social Media hinweisen. «Frau F., ich bin davon überzeugt, dass Lara Talent hat, und ich finde es toll, dass sie so viel Freude am Tanzen hat. Leider zeigt unsere Erfahrung immer wieder, dass Social-Media-Kanäle wie TikTok oder Instagram eine potenzielle Gefahr sein können. Sie wissen nicht, wer sich die Tanzvideos ansieht und wer Ihrer Tochter schreibt und was diese Personen kommentieren. Manchmal sorgen solche Videos auch für Neid unter Gleichaltrigen und sind dann eine Art Katalysator. Ich würde Sie bitten, die Inhalte zu prüfen, alles zu checken.» Meine weiteren Worte richtete ich an Lara: «Am besten wäre es, wenn du dort keine Videos mehr hochlädst. Dadurch kann Neid aufkommen und du könntest gemobbt werden. Suche dir lieber einen Verein, in dem du tanzen kannst.»

Es folgte Stille. Helge beobachtete die Situation, er kannte das Schweigen, wenn ich vorschlug, auf soziale Plattformen zu verzichten.

Frau F. räusperte sich und ergriff das Wort. «Okay. So habe ich das noch nicht gesehen, aber wenn Sie meinen, in einem Verein hätte Lara auch Spaß, ist das vielleicht eine gute Idee.»

«In Billstedt gibt es zum Beispiel die HipHop Academy, ein soziales Projekt, das Jugendliche mit Bezug zu Hip-Hop und Tanz fördert. Vielleicht solltest du es dort mal versuchen.»

Lara nickte zustimmend und scrollte durch ihre Tanzvideos. Ich ermunterte sie, weiterhin Videos zu machen, aber nur für sich selbst oder für die Familie.

Ich musste an die Zwillingsschwestern denken, die am Hamburger S-Bahnhof Allermöhe 2022 ein

TikTok drehen wollten, wobei sie auf den Gleisen von einem Zug erfasst wurden. Die eine Schwester starb, die andere wurde schwer verletzt. Weil sie ihre Choreografien an immer krasseren Orten filmen wollten, unternahmen sie diese «digitale Mutprobe». Doch ich behielt diese schreckliche Geschichte für mich.

Am Ende des Gesprächs hatte ich das Gefühl, dass Frau F. und Lara das bisher Besprochene guttat. Ich ließ Kontakte von Vereinen bei ihnen, ebenso von Selbstverteidigungskursen, wobei ich darauf hinwies, dass dadurch auch das Selbstbewusstsein gesteigert werden könne. Frau F. war daran sehr interessiert. Wir organisierten außerdem, dass eine Mitarbeiterin der Opferhilfsorganisation Weisser Ring die Familie in der darauffolgenden Woche besuchen sollte. Außerdem benötigte Lara aufgrund ihrer sowieso schon schwierigen Situation und ihres selbstverletzenden Verhaltens weiterhin psychologische Unterstützung.

Helge und ich verließen die Familie mit einem guten Gefühl. Lange Zeit hörten wir auch nichts von Lara und ihrer Mutter. Etwa ein Jahr später sahen wir die inzwischen Sechzehnjährige durch Zufall am Bahnhof in Billstedt. Sie erkannte uns, und ich erkundigte mich, wie es ihr ginge. Lara fühlte sich nach einem Schulwechsel deutlich besser, und sie hatte, nachdem ihr Ohr gesünder wurde, einen Hip-Hop-Tanzkurs begonnen. Außerdem wollte sie sich nach der Schule um ein Freiwilliges Soziales Jahr kümmern.

«Wenn etwas ist, kannst du dich immer bei uns melden, das weißt du, oder?», rief ich ihr zum Schluss unserer Begegnung hinterher.

Halb im Umdrehen antwortete Lara: «Alles gut, Herr Mollenhauer. Ich habe übrigens kein TikTok und Instagram mehr. WhatsApp überlege ich auch, es zu löschen. Zu viel Stress. Danke, dass Sie damals bei mir waren.»

Ich bin immer froh, wenn ich Jugendliche erreiche. So wenig wie die Täter dürfen wir auch die Opfer nicht sich selbst überlassen und einzig hoffen, dass alles wieder gut wird. Denn das wird es von alleine meistens nicht.

15

Was man tun kann: Zeit, Zärtlichkeit und Zuneigung

Wir drehten unsere Runde an der U-Bahn-Station Billstedt, sahen uns am nahe gelegenen Maukestieg um. Eigentlich kennen wir dort jede und jeden. Selbst nach Jahren sind die Gesichter schnell wieder im Gedächtnis. Durch die Vielzahl der Jugendlichen und Heranwachsenden kann es aber auch passieren, dass jemand von unserem Radar verschwindet, den wir jahrelang begleitet haben. Und das muss nichts Schlechtes bedeuten. Im Gegenteil.

In der Dämmerung fiel mir das Pärchen an den U-Bahn-Gleisen auf. Händchenhaltend, nicht ins Handy guckend und ohne Zigarette zwischen den Fingern, hatte ich die beiden schnell aussortiert, sie passten nicht zu unserer «Klientel». Ein bisschen ist das, wie in Schubladen zu denken.

Wir drehten gerade ab, als mir plötzlich ein junger Mann den Weg abschnitt. «Herr Mollenhauer, der sind Sie doch, oder?»

Da ich immer mit allem rechnen musste, scannte ich den jungen Mann ab, noch bevor ich ihm antwortete. Seine Augenpartie und den durchdringenden

Blick glaubte ich zu kennen. Es ratterte in meinem Gedächtnis, und mir kam ein Jugendlicher in den Sinn, der mich vor ungefähr fünf Jahren beschäftigt hatte. Sollte das etwa Yusuf sein? Nein, bestimmt nicht. Zu viele Anläufe, zu viele Rückschläge hatte es bei ihm gegeben.

«Ja, genau, ich bin Polizeihauptkommissar Mollenhauer. Kennen wir uns?», sagte ich schließlich

«Ich bin's. Yusuf. Yusuf Akgün. Können Sie sich noch an mich erinnern? Ist schon ein paar Jahre her. Sie waren sogar ein paarmal bei mir zu Hause.»

Tatsächlich, er war es. Jetzt dämmerte es mir. Wir hatten viel Ärger mit dem Jungen. Als Dreizehnjähriger hatte er eine Jugendgang um sich geschart und in Jugendclubs und vor Schulen Gleichaltrige abgezogen. Drei Anzeigen wegen Körperverletzung lagen gegen ihn vor. Es gab Norm- und Hilfegespräche zusammen mit den Eltern, Gefährderansprachen, Dialoge auf der Straße. Alles lief gefühlt ins Leere. Seinerzeit war er überrascht, dass ich einen Tag später schon wusste, was er am Vortag gemacht oder besser gesagt verbrochen hatte. Manchmal stand ich mit ihm zwei Stunden auf der Brücke am Maukestieg und wir redeten. Ich erzählte von meinen Kindern und meinem Leben. Vom fehlenden Vater, der gleichgültigen Mutter, meiner eigenen Wut, die ich damals in mir trug. Einmal sagte Yusuf: «Herr Mollenhauer, Sie sind wirklich ein komischer Bulle. Sie wollen immer reden und wissen immer Bescheid über mich. Meine Eltern wissen nichts über mich.»

Yusuf hörte mir bei unseren Treffen zwar zu, aber er hörte nicht auf, straffällig zu werden. Bei einer der letzten Begegnungen warnte ich ihn eindringlich. «Du bist bald fällig, wenn du so weitermachst. Dann geht es ab nach Hasand.» Hasand ist unter Jugendlichen auf der Straße die Abkürzung für die Justizvollzugsanstalt Hahnöfersand.

Ich selbst hatte großes Glück gehabt. Ich hatte nichts in meinem Führungszeugnis stehen, weil ich meine Grenzen kannte.

Wir versuchen, Löcher im System zu stopfen und das zu sein, was diesen Kids fehlt: eine Vertrauensperson, ein Mensch, der sich Zeit nimmt und Grenzen setzt. Aber wer keine Grenzen kennt, der weiß nicht, dass er einem anderen wehtut.

Als wir Yusufs Eltern damals besuchten, erzählten sie uns am Kaffeetisch, dass ihr Junge nichts getan habe. Das könnten sie sich nicht vorstellen. Im Grunde genommen führten Helge und ich einen Monolog, dazwischen schüttelte der Vater ungläubig den Kopf. In unseren Berichten schrieben wir, dass damit zu rechnen sei, dass Yusuf wieder straffällig wird, es sei weder bei ihm noch bei den Eltern eine Einsicht vorhanden.

Wir liefen gegen Wände, weil Yusuf nicht aufhörte, andere Jugendliche zu bedrohen und abzuziehen. Das Letzte, an das ich mich erinnere, war, dass er in einer

U-Bahn mit einem Nothammer auf einen Fahrgast einschlug. Yusuf geriet völlig außer Kontrolle, weil sein Gegenüber von ihm verlangte, die Füße von der Sitzbank zu nehmen. Es fehlte nicht viel und die Person wäre gestorben. So drastisch muss ich es ausdrücken, denn er schlug dem Mann auf den Kopf. Als uniformierte Kollegen am Bahnsteig eintrafen, war Yusuf extrem aggressiv. Wir vom Jugendschutz wurden ebenfalls zum Einsatzort gerufen, Yusuf erkannte mich, und ich konnte ein wenig auf ihn einwirken. Inzwischen war er vierzehn und strafmündig, aber die Strafe, die er erhielt, war gemessen an der Tat relativ milde. Er musste ein Antiagressionstraining besuchen und Sozialstunden ableisten.

Einige Tage später suchten wir ihn und seine Eltern für ein letztes Norm- und Hilfegespräch auf. Die Eltern waren erschrocken darüber, dass ihr Sohn so etwas getan haben soll. Seine Mutter fuhr ihn unvermittelt an, vorher hatte sie ihn immer in Schutz genommen. Sie zischte ihm etwas auf Türkisch zu. Es klang nicht freundlich, eher wie eine Verwünschung. Yusufs Vater war bedrohlich still und ließ den Blick nicht von seinem Sohn. Danach hörten und sahen wir nichts mehr von dem Jungen.

Und jetzt stand er vor mir, ungefähr neunzehn, mit offenem Blick und zugewandt. «Ich habe aufgehört mit der ganzen Scheiße», erklärte er, ohne dass ich danach gefragt hatte. «Ich schlage niemanden mehr, ich mache nichts mehr. Ich will einfach keinen Stress mehr. Auch wegen ihr. Das ist meine Freundin Daria.» Er zog sie ein Stück an sich heran.

Seine kleine Umhängetasche von damals ist einem Rucksack gewichen. Keine Marke, nichts Besonderes. Yusuf wirkt optisch unauffällig. Und damit grenzt er sich von den anderen Jugendlichen und Heranwachsenden ab. Auch keine Undercut-Frisur. Mit ein wenig stolzgeschwellter Brust fuhr er fort: «Ich habe jetzt nicht nur eine Freundin, sondern auch einen Job. Ich arbeite als Kurierfahrer. Jeden Tag. Danke, dass Sie damals bei meinen Eltern wegen mir so rumgestresst haben.» Etwas verlegen trat er von einem Fuß auf den anderen.

Ich klopfte ihm auf die Schulter und erwiderte: «Freut mich, dass es bei dir läuft. Bleib sauber, und bau keine Scheiße mehr. Am Ende hast du mehr vom Leben, glaube mir.»

Yusuf lächelte etwas, nickte, dann drehte er sich um und ging mit seiner Freundin wieder auf die andere Seite des Bahnsteiges.

Das hat ihn bestimmt Überwindung gekostet, dachte ich. Ein Happy End? Das hoffe ich immer. Bei jedem Fall, den wir betreuen. Den wir aus den Augen verlieren und bei dem wir zu Hause Gespräche führen. Ich hoffe nach jeder Gefährderansprache und nach jedem Wortwechsel auf Bahnsteigen oder an Hotspots, dass ich die Jugendlichen erreiche und sie zum

Nachdenken bringe. Wie schon erwähnt, bei zweien von sechs klappt es vielleicht. Unser Job ist eben nicht messbar, da wir Präventionsarbeit leisten.

Jedes Gespräch kann eine Tat verhindern und dafür sorgen, dass ein Mensch kein Opfer wird. Unsere Arbeit als Jugendschützer besteht darin, Beziehungen aufzubauen und ein Gefühl für das Gegenüber zu bekommen. Gespräche zu führen, die sonst vielleicht keiner mit ihnen führt. Wie geht man mit Wut, wie mit Trauer um? Wie kann das Leben wieder Spaß bringen? Was kann ich gut? Wenn aus dem familiären Umfeld keine Impulse kommen (Schulen sind damit überfordert), finden sich Jugendliche schnell in einer Sinnwüste wieder. Einige meinen, es kann nicht Aufgabe der Polizei sein, den Sozialarbeiter zu mimen. Ich hingegen bin der Auffassung, dass der Jugendschutz der Hamburger Polizei als ein bundesweites Modell ausgeweitet werden sollte. Jede größere Stadt sollte erfahrene Polizeibeamte in Zivil haben, die auffällige Jugendliche in ihrem Kiez betreuen. Nur so haben wir als Gesellschaft den Hauch einer Chance, dass aus auffälligen oder gar straffällig gewordenen Kindern und Jugendlichen nicht die Intensivtäter und Gefängnisinsassen von morgen werden.

Wenn sich niemand um diese Kids kümmert, werden Verhaltensweisen auftreten und Taten passieren, die die Normen und Werte unserer Gesellschaft belasten oder sogar erschüttern. Denn eine Gesellschaft, die auf eine ständige Präsenz von Polizei angewiesen ist und ausschließlich mit Verstärkung von Repression arbeitet, ist aus meiner Sicht nicht erstrebenswert. Und personell auch nicht stemmbar.

Längst zählen Gewaltmeldungen aus Schulen zu unserem täglichen Geschäft als polizeiliche Jugendschützer. Die überwiegende Arbeit von Lehrkräften besteht an bestimmten Schulen inzwischen nicht mehr in der Vermittlung von Wissensinhalten, vielmehr müssen sie Kindern und Jugendlichen ein adäquates Sozialverhalten beibringen. Auch hier bräuchte es dringend externe Unterstützung. Jugendschützer, die Gewaltprävention und Zivilcourage unterrichten, sowie deutlich mehr angestellte Schul-Sozialarbeiter.

Wir müssen die Kinder und Jugendlichen früh und dort abholen, wo sie ihre erste Prägung erfahren. Als achtfacher Vater weiß ich, dass keine Familie immerzu perfekt ist. Ich bin auch nicht der perfekte Vater. Ich bin oft unterwegs, denn ich arbeite viel und gern. Aber ich habe als Vater nie den Anschluss verloren, ich wusste immer, was meine Kinder umtreibt. Nie war es mir gleichgültig, was sie beschäftigte, nach dem Motto: «Das verwächst sich schon.»

Man darf als Familie streiten, es dürfen auch mal Türen geknallt werden, wenn den Kindern danach ist. Aber als Elternteil muss man Vorbild sein, ruhig bleiben und offen über Probleme reden. Ich würde behaupten, dass meine Kinder mit allen Schwierigkeiten zu mir kommen können. Und wenn ich nicht der richtige Ansprechpartner bin, ist es meine Frau. Eltern müssen sich als Team verstehen. Das zu leben habe ich immer versucht. Dazu gehört eine Streit- und Fehlerkultur. Sich entschuldigen zu können, das fällt vielen schwer! Ist aber wichtig, um gemeinsam weiterzumachen.

Zeit, Zärtlichkeit und Zuneigung – diese drei Worte, ich kann es gar nicht oft genug wiederholen, umschreiben all das, was Kinder und Jugendliche brauchen, um erwachsen zu werden. Es ist das, was vielen auffälligen Kids zu Hause fehlt. Allein deswegen dürfen wir kriminelle Kinder und Jugendliche nicht im Stich lassen.

Danke

Mit diesem Buch möchte ich die Herzen positiv berühren. Allein hätte ich es allerdings niemals geschafft, es zu schreiben. Deswegen möchte ich hier einigen Menschen für ihre Unterstützung danken.

40 Jahre war ich in verschiedenen Funktionen bei der Polizei Hamburg tätig und seit über 30 Jahren unterrichte ich in meiner Freizeit Gewaltprävention, Respekt und Zivilcourage. Dabei standen mir meine acht Kinder und meine Frau immer zur Seite.

Die Pressestelle der Polizei ermöglichte mir immer wieder mediale Auftritte und Fernsehsendungen, in denen ich die besonderen Aufgaben des Jugendschutzes der Polizei Hamburg darstellen konnte. Bei diesen Dreharbeiten lernte ich die Menschen kennen, die mir beim Schreiben des Buches geholfen haben: das Ehepaar Fischer. Für mich Nicola und Axel. Ohne ihr besonderes Interesse an meiner Person und meinem Engagement für Demokratie, Menschlichkeit und dafür, mit Liebe gegen Gewalt vorzugehen, wäre dieses Buch nie entstanden.

Mein Dank gilt ebenso den Buch-Agenten Peter Käfferlein und Olaf Köhne, die bei der Verlagssuche unserer Idee ein Zuhause gaben, und unserer Lektorin Julia Vorrath, die uns mit ihrer Erfahrung eine wertvolle Stütze während der Umsetzung war. Glück oder eine perfekte Fügung? Für mich jedenfalls eine ganz neue Erfahrung.

Ich möchte mich an dieser Stelle auch besonders für die hervorragende Arbeit meiner Kolleginnen und Kollegen beim Jugendschutz der Polizei Hamburg bedanken. Euer Einsatz hat mich inspiriert und motiviert, über unsere Arbeit zu berichten, da ich diesen präventiven Ansatz der Polizei Hamburg für besonders wertvoll halte! Der Jugendbeauftragte der Polizei Hamburg, Holger Stahn, stand mir stets mit einem Rat zur Seite. Danke dir! Die polizeiliche Führung und meine Vorgesetzten habe ich sicherlich dann und wann mal in den Wahnsinn getrieben. Danke für eure Geduld und danke für deine Freundschaft, lieber Leo!

Relativ spontan und länderübergreifend erhielten wir fachlichen Rat von Oberstaatsanwalt Hubert Ströber und den Mitarbeitern der Staatsanwaltschaft Frankenthal. Danke dafür.

Selbstverständlich habe ich noch Kontakt zu einigen *Jungs* aus meiner Schul- und «Gang»-Zeit. Ihr habt wertvolle Erinnerungen wachgerüttelt, die in dem Buch festgehalten wurden, und mich daran erinnert, dass jeder die Kurve kriegen kann – auch wenn im Leben nicht alles glatt verläuft. Danke, Justin!

Ein großer Dank gilt all den Kindern und Jugendlichen, die mich manchmal zweifeln ließen, ob es noch Werte, Respekt und Mitmenschlichkeit in unserer

Gesellschaft gibt, und deren positive Entwicklungen mich dann tief berührt haben. Wenn ich auch nur zwei von sechs Jugendlichen erreicht habe, sind es genau die zwei, für die es sich lohnt, immer wieder als Vorbild voranzugehen.

Vielen Dank für die herausragende Unterstützung meiner Arbeit in den Schulen und die gute Zusammenarbeit mit so vielen engagierten Lehrkräften.

Ich danke allen Leserinnen und Lesern, die bis zu diesen Zeilen durchgehalten haben, sich den Herausforderungen unserer Zeit stellen und sich mit Zeit, Zärtlichkeit und Zuneigung der Erziehung unserer Kinder widmen. Ich weiß aus Erfahrung, dass man gewaltpräventives und positives Sozialverhalten stärken kann. Denn das sind die Bedingungen für eine Gesellschaft ohne Angst und Gewalt, Diskriminierung und Unterdrückung.